Das Buch | Was bedeutet Chuzpe? Verlaufen die Telefonleitungen in den USA ebenerdig, überirdisch, oberirdisch oder außerirdisch? Und was ist wirklich des Pudels Kern? Bestsellerautor Bastian Sick stellt in seinem neuen großen Deutschtest die spannendsten Fragen – zu Rechtschreibung und Zeichensetzung, zu Redewendungen und Sprachgeschichte, zu Wortschatz und Grammatik – und hat Antworten parat, die faszinieren. Doch zunächst sind Sie dran: Wie gut kennen Sie sich mit der deutschen Sprache aus? Schaffen Sie den Weg vom Schüler zum Deutschlehrer und werden Sie am Ende gar zur grauen Eminenz? Finden Sie es heraus! Dieses Quiz bietet Lustiges und Erhellendes, garniert mit witzigen Illustrationen und kuriosen Fotografien aus dem Irrgarten der deutschen Sprache.

Der Autor | Bastian Sick, geboren in Lübeck, studierte Geschichtswissenschaft und Romanistik. Während seines Studiums arbeitete er als Korrektor für den Hamburger Carlsen-Verlag. 1995 wurde er Dokumentationsjournalist beim SPIEGEL, 1999 wechselte er in die Redaktion von SPIEGEL ONLINE. Dort schrieb er ab 2003 die Sprachkolumne »Zwiebelfisch«. Aus diesen heiteren Geschichten über die deutsche Sprache wurde die Buchreihe »Der Dativ ist dem Genitiv sein Tod«. Es folgten zahlreiche Fernsehauftritte und eine Lesereise, die in der »größten Deutschstunde der Welt« gipfelte, zu der 15.000 Menschen in die Köln-Arena strömten. Seitdem war Bastian Sick mehrmals mit Bühnenprogrammen auf Tournee, in denen er eine neuartige Mischung aus Lesung, Kabarett und Quizshow präsentierte. In vierzehn Jahren schrieb er vierzehn Bücher. Bastian Sick lebt und arbeitet in Hamburg und in Niendorf an der Ostsee.

Weitere Titel bei Kiepenheuer & Witsch | »Der Dativ ist dem Genitiv sein Tod. Ein Wegweiser durch den Irrgarten der deutschen Sprache«, KiWi 863, 2004. »Der Dativ ist dem Genitiv sein Tod – Folge 2. Neues aus dem Irrgarten der deutschen Sprache«, KiWi 900, 2005. »Der Dativ ist dem Genitiv sein Tod – Folge 3. Noch mehr Neues aus dem Irrgarten der deutschen Sprache«, KiWi 958, 2006. »Happy Aua. Ein Bilderbuch aus dem Irrgarten der deutschen Sprache«, KiWi 996, 2007. »Zu wahr, um schön zu sein. Verdrehte Sprichwörter – 16 Postkarten«, KiWi 1050, 2008. »Happy Aua 2. Ein Bilderbuch aus dem Irrgarten der deutschen Sprache«, KiWi 1065, 2008. »Der Dativ ist dem Genitiv sein Tod – Folge 1–3 in einem Band. Ein Wegweiser durch den Irrgarten der deutschen Sprache«, KiWi 1072, 2008. »Der Dativ ist dem Genitiv sein Tod. Das Allerneueste aus dem Irrgarten der deutschen Sprache«, KiWi 1134, 2009. »Hier ist Spaß gratiniert. Ein Bilderbuch aus dem Irrgarten der deutschen Sprache«, KiWi 1163, 2010. »Wie gut ist Ihr Deutsch? Der große Test«, KiWi 1233, 2011. »Der Dativ ist dem Genitiv sein Tod – Folge 5«, KiWi 1312, 2013. »Wir braten Sie gern! Ein Bilderbuch aus dem Irrgarten der deutschen Sprache«, KiWi 1346, 2013. »Füllen Sie sich wie zu Hause. Ein Bilderbuch aus dem Irrgarten der deutschen Sprache«, KiWi 1410, 2014. »Der Dativ ist dem Genitiv sein Tod – Folge 6«, KiWi 1450, 2015. »Speck, lass nach! Verdrehte Sprichwörter – 16 Postkarten«, KiWi 1519, 2016. »Der Dativ ist dem Genitiv sein Tod – Folge 4–6 in einem Band. Ein Wegweiser durch den Irrgarten der deutschen Sprache«, KiWi 1532, 2016. »Schlagen Sie dem Teufel ein Schnäppchen! Ein Bilderbuch aus dem Irrgarten der deutschen Sprache«, KiWi 1538, 2017.

BASTIAN SICK

Wie gut ist Ihr Deutsch? 2

Der neue große Test

Mit Illustrationen von
Katharina M. Ratjen

Kiepenheuer
& Witsch

Verlag Kiepenheuer & Witsch, FSC-N001512

1. Auflage 2019 (15.000 Exemplare)

© 2019, Verlag Kiepenheuer & Witsch, Köln
© 2019, SPIEGEL ONLINE GmbH & Co. KG, Hamburg
© Bastian Sick, Niendorf/Ostsee
Alle Rechte vorbehalten. Kein Teil des Werkes darf in irgendeiner Form
(durch Fotografie, Mikrofilm oder ein anderes Verfahren) ohne schriftliche
Genehmigung des Verlages reproduziert oder unter Verwendung elektronischer
Systeme verarbeitet, vervielfältigt oder verbreitet werden.
Umschlaggestaltung Barbara Thoben, Köln
Umschlagmotiv © Bastian Sick
Autorenfoto © Till Gläser
Illustrationen Katharina M. Ratjen
Gesetzt aus der Meta Serif Pro
Satz Wilhelm Vornehm, München
Druck und Bindung CPI books GmbH, Leck
ISBN 978-3-462-05204-6

7 Das Vorwort
Wie funktioniert der Test?

11 Die Fragen
Quizrunde 1   13

Quizrunde 2   23

Quizrunde 3   37

Quizrunde 4   49

Quizrunde 5   59

INHALT

Quizrunde 6   71

Quizrunde 7   83

Quizrunde 8   97

Quizrunde 9   109

Quizrunde 10   121

133   Die Lösungen
Haben Sie die richtigen
Antworten gefunden?

251   Die Auswertung
Wie weit sind Sie gekommen?

Bildnachweis   255

Liebe Leserinnen und Leser,

mit diesem Buch geht der große Deutschtest in die zweite Runde. 200 Fragen aus den Bereichen Rechtschreibung, Zeichensetzung, Fremdwörter, Wortschatz, Sprachlehre, Redewendungen, Sprachgeschichte und Literatur warten darauf, von Ihnen gelöst zu werden. Anders als im ersten Buch sind sie diesmal nicht nach Kategorien sortiert, sondern bunt gemischt: Wer sich eben noch einer Frage zur Rechtschreibung stellen musste, kann im nächsten Augenblick in ein kniffliges grammatisches Problem verstrickt werden.

Um Ihnen die eine oder andere Atempause zu verschaffen, wurde der Test in zehn Runden unterteilt. Es spielt aber keine Rolle, ob Sie das Buch nach jeder Runde zur Seite legen oder ob Sie den Test in einem Rutsch durcharbeiten. Am Ende zählt die Punktzahl, die man nach Beantwortung aller 200 Fragen erreicht hat.

DAS VORWORT

Für jede richtige Antwort gibt es einen Punkt, im besten Fall können also 200 Punkte erzielt werden. Es empfiehlt sich, die Antwort, die man jeweils für die richtige hält, mit einem Bleistift anzukreuzen oder sich die Kombination aus Zahl (für die Frage) und Buchstaben (für die Antwort) auf einem separaten Zettel zu notieren.

Die Lösungen finden Sie im hinteren Teil des Buches. Ob Sie diese nach jeder einzelnen Quizrunde oder erst ganz am Ende mit Ihren Antworten abgleichen, bleibt Ihnen überlassen. Sollten Sie das Bedürfnis haben, nach jeder Frage sofort die Auflösung zu erfahren, empfiehlt es sich, die folgenden Auflösungen mit einem Blatt abzudecken, damit das Auge sie nicht ungewollt mit erfasst und Sie sich somit um den Ratespaß bringen.

Dieser Test richtet sich nicht an Schulanfänger oder Menschen, die sich anschicken, Deutsch als Fremdsprache zu lernen. Die Beantwortung der Fragen erfordert ein einigermaßen sicheres Sprachgefühl. Und selbst diejenigen, die sich im Besitz erlesener Deutschkenntnisse wähnen, werden die eine oder andere Überraschung erleben. Da jeder Leser andere Schwerpunkte und Erfahrungswerte hat, kann, was dem einen kinderleicht erscheinen mag, für den anderen schon zum ersten Fallstrick werden. Dieser Test schickt Sie kreuz und quer durch den Irrgarten der deutschen Sprache. Die zusammengerechnete Punktzahl verrät Ihnen am Ende, wie Sie sich geschlagen und welchen Ausgang Sie gefunden haben. Einige wird es zurück auf den Schulhof oder Campus führen, andere ins Lehrerzimmer oder geradewegs auf den Gelehrtenstuhl. Spaß und Erkenntnis sei für jeden dabei. Und wenn dieses Buch nicht nur den

Geist anregt, sondern dabei auch Auge und Herz erfreut, so liegt das an den wunderbaren Illustrationen von Katharina M. Ratjen, dank deren es kein reines Lesebuch, sondern auch ein Bilderbuch geworden ist.

Nun bleibt mir nur noch, Ihnen viel Vergnügen beim Lesen und Lösen zu wünschen. Und wenn Sie dabei

- a Lunte gewittert
- b Morgenluft bekommen
- c Wind gerochen oder
- d Blut geleckt

haben und Appetit auf mehr verspüren, dann wird es Sie vielleicht freuen zu erfahren, dass ein dritter Band bereits in Arbeit ist. Bleiben Sie also dran! Im Irrgarten der deutschen Sprache gibt es noch vieles zu entdecken und zu entwirren.

Bastian Sick
Niendorf / Ostsee, im Januar 2019

Kategorien:

- Sprachlehre
- Wortschatz
- Zeichensetzung
- Rechtschreibung
- Fremdwörter
- Literatur
- Redewendungen
- Sprachgeschichte
- Mix

A
B
C
D
DIE FRAGEN

Von vielseitigen Tischlern, von teurer Ergänzungsnahrung für Schweine, von verschwundenen Konjunktiven und vom Wesentlichen der Quintessenz. Ein paar Rätsel gelöst ist besser als keins – so lautet das Motto für Quizrunde eins!

QUIZRUNDE 1

1 Wie schreibt man das, was hier fehlt?

> Je näher der Sommer rückt, ... freue ich mich auf die Ferien!

a um so mehr
b umso mehr
c um somehr
d umsomehr

2 Was bedeutet das Wort »Oligarchie«?

a Herrschaft der Ölbarone
b Herrschaft der Wenigen
c Willkürherrschaft
d Herrschaft der Besten

3
Ein Bautischler, der zugleich ein Möbeltischler ist, ist ein ...

a Bau- und Möbeltischler
b Bau – und Möbeltischler
c Bau und Möbeltischler
d Bau u.- Möbeltischler

4
Die Miete wird fällig zu Beginn ...

a eines jedes Monats
b einen jeden Monats
c eines jeden Monat
d eines jeden Monats

5
Es hat nichts mit den lieben Verwandten zu tun: Was bedeutet das Wort »unverwandt«?

a unerwartet, plötzlich
b unelegant, unhöflich
c unmittelbar, direkt, geradewegs
d unablässig, ununterbrochen

6 Was wird hier tatsächlich verkauft?

2 Woki Tokis/Funkgeräte Audioline PMR 005

Zwei neuwertige Woki/Tokis/Funkgeräte Audioline PMR 005 Farbe silber/schwarz, Headset kann...

15 €
52459
Inden

3 Woki Tokis

Es sind 3 problemlose Woki Tokies

10 €
57072
Siegen

2. Woki Tokis

Hier verkaufe ich meine 2 Sauberen fast neuen Woki Tokis , sie sind in einem sehr guten Zustand...

25 € VB
47053
Duisburg-Mitte

Woki Toki Funktelefon

Ladebaterien habe ich nicht mehr dabei. 50m Reichweite der Geräte Gutes Verständinis

5 €
46325
Borken

a Walky-Talkys
b Walkie-Talkies
c Walky-Talkies
d Wolky-Tolkys

7 Der Konjunktiv hat kaum noch Konjunktur. Manche befürchten, er könnte eines Tages verschwinden. Und sie geben zu bedenken, dass damit auch ein bedeutsames Stück unserer Kultur ...

a verschwünde
b verschwönde
c verschwände
d verschwinde

8 Die meisten öffentlichen Plätze und U-Bahnhöfe sind heute ...

a Video überwacht
b Video-überwacht
c video überwacht
d videoüberwacht

9 Was einem prophezeit wird, das wird einem ...

a weisgesagt
b weisgemacht
c geweissagt
d weiß gesagt

10 Die Redewendung »Perlen vor die Säue werfen« stammt ...

a vom Modedesigner Karl Lagerfeld
b aus dem Chinesischen, wo es wörtlich »Schweine mit Perlen füttern« heißt
c aus Goethes »Faust – Der Tragödie 1. Teil«
d aus dem Matthäus-Evangelium

11 Die Mutter beteuert vor Gericht: »Herr Richter, ich habe den Jungen immer wieder gewarnt, aber er wollte ... nicht auf mich hören!«

a perdu
b per dou
c partout
d par deux

12 Was besitzt jemand, der Chuzpe hat?

a viel Geld, ein Vermögen
b guten Geschmack
c ein großes Herz
d Frechheit

13 In den USA verlaufen die Telefonleitungen nicht unterirdisch, sondern ...

a ebenerdig
b überirdisch
c oberirdisch
d außerirdisch

14 Woher hat der »Bernstein« seinen Namen?

a vom Wort »Birne«
b vom Wort »brennen«
c vom Wort »Berg«
d vom Wort »Bär«

15 Was bringt man sprichwörtlich ins Trockene?

a seine Schäflein
b seine Scherflein
c seine Schäfflein
d seine Schätzlein

16

Ein anderes Wort für »gehörig«, »tüchtig« lautet ...

- a weitlig
- b weitlich
- c weidlich
- d waidlich

17

Wie lautet das Fremdwort für »Einwanderer«?

- a Migranten
- b Emigranten
- c Imigranten
- d Immigranten

18

Unter der »Quintessenz« versteht man heute das Wesentliche, den Kern einer Sache. Was aber war ursprünglich damit gemeint?

- a Äther, das Element der Himmelskörper
- b das, was nach dem fünften Sieden von einer flüssigen Substanz übrig blieb
- c der Stein der Weisen
- d das kleinste aller Dinge, ein Quant

19
Was ist ein »Hund«, wenn's kein Tier oder Schimpfwort ist?

a ein Förderwagen
b ein Pkw-Anhänger
c ein Schlitten
d ein Gabelstapler

20
Wie viele anerkannte Minderheitensprachen gibt es in Deutschland?

a keine
b fünf
c sieben
d eine

Von mulchigen Rindern, vom Drohen mit oder ohne Komma, von Fahnen und Flaggen und vom ältesten Zeugnis deutschsprachiger Dichtung. Blättern Sie um und seien Sie dabei – auf geht's zur Quizrunde zwei!

QUIZRUNDE 2

Zwischenstand: .... Punkte

21

Der Hase, der in der Heiden saß, die Kuh, die sich labte am Weidengras, der Wolf, der schließlich die beiden fraß, sie alle hatten ...

a einen heiden Spaß
b einen Heiden Spaß
c einen Haidenspaß
d einen Heidenspaß

22 Was genau ist eine Olympiade?

a ein vierjährlich stattfindender sportlicher Wettkampf, auch bekannt als »Olympische Spiele«

b ein Längenmaß, das seinen Ursprung in der griechischen Stadt Olympia hat (eine Olympiade = 3,14 km)

c der Zeitraum von vier Jahren zwischen zwei Olympischen Spielen

d die Zeit, in der die Götter auf dem Olymp tagen, während sich zu ihren Füßen, in Olympia, die Menschen in Wettkämpfen messen

23 Wer sprichwörtlich »die Hucke vollkriegt«, bekommt eine Menge Ärger, Unannehmlichkeiten, womöglich sogar eine Abreibung. Was aber ist eine Hucke überhaupt?

a ein altes Wort für den Rücken
b ein altes Wort für einen Holzbecher
c ein altes Wort für ein Lastenbündel
d ein altes Wort für einen Verschlag, einen Abstellraum, eine Vorratskammer

24 Bei »Edeka« in Klostermansfeld (Sachsen-Anhalt) gibt es »Rindermulch« und Torf. Das führt natürlich zu der Frage: Wenn Mulch bei »Edeka« aus Rindfleisch ist, woraus besteht dann der Torf? Uns interessiert hier noch eine andere Frage: Welches Geschlecht hat das Wort Mulch?

a männlich (der Mulch)
b weiblich (die Mulch)
c sächlich (das Mulch)
d sowohl männlich als auch sächlich (der oder das Mulch)

25

Braucht die Überschrift »Klimakonferenz droht im Chaos zu versinken« ein Komma?

(von spiegel.de)

a Ja, ein Komma hinter »droht«.
b Nein, ein Komma wäre falsch.
c Ja, ein Komma hinter »Chaos«.
d Egal (Komma ist fakultativ).

26

Ein alter juristischer Fachausdruck für »Nutzungsrecht« lautet ...

a Miesbrauch
b Nießbrauch
c Missbrauch
d Mietsbrauch

27 Der Wahltag rückte immer näher.
Überall in der Stadt …

a hingen die Parteien letzte Plakate auf.
b hangen die Parteien letzte Plakate auf.
c hängten die Parteien letzte Plakate auf.
d hungen die Parteien letzte Plakate auf.

28 Wie viele Fehler verstecken sich in diesem Hinweis?

a ein Fehler
b zwei Fehler
c drei Fehler
d vier Fehler

29 Wie schreibt sich das berühmte Weihnachtslied korrekt?

a O, Du Fröhliche
b Oh, du fröhliche
c Oh du Fröhliche
d O du fröhliche

30 Gibt es einen Bedeutungsunterschied zwischen Fahne und Flagge?

a Ja, die Flagge ist nur das Tuch, die Fahne ist die Gesamtheit aus Tuch und Stange.

b Ja. Flaggen werden auf Schiffen gehisst, Fahnen vor oder auf Gebäuden.

c Nein. Die Flagge kommt aus dem Niederdeutschen, die Fahne aus dem Althochdeutschen. Es sind zwei Wörter verschiedenen Ursprungs für dieselbe Sache.

d Ja. Fahnen sind immer Hoheitszeichen, Flaggen können (wie Wimpel) einen rein dekorativen Zweck haben.

31

»Wovon handelt Ihr neues Buch ›Dr. Xing, Zoe & ich‹?«, fragt der Moderator den jungen Schriftsteller. Der räuspert sich und erwidert sodann grammatisch korrekt: »Es handelt ...

a von einem Autor, einem Chirurg und einem Leopard

b von einem Autor, einem Chirurgen und einem Leoparden

c von einem Autoren, einem Chirurg und einem Leopard

d von einem Autoren, einem Chirurgen und einem Leoparden

32

Beim Korrigieren der letzten Arbeit lief Lehrer Lempel fast die Galle über. Nur eines der Wörter mit »Gal-« hatte der Schüler richtig geschrieben. Welches?

a Gallerie
b Galeone
c Galaxy
d Gallopp

33

Ein Thema, das zur Sprache kommt, bringt man sprichwörtlich ...

a aufs Trapez
b aufs Tablett
c aufs Tapet
d aufs Parkett

34 Wie viele Kommas benötigt dieser Satz zu seiner Vervollkommnung?

> *Ich wollte Sie fragen ob es möglich wäre dass Sie mir in einer Angelegenheit die äußerste Diskretion erfordert einen Rat geben.*

a eins
b zwei
c drei
d vier

35 Um bestimmte mathematische Probleme zu lösen, kann man sich eines … bedienen.

a Algorhythmus
b Algorithmus
c Algorythmus
d Algorhithmus

36

»Sag nicht, du hast schon wieder vier Asse!«, ereifert sich Tante Karla beim Pokern. »Das ist ja ...«

a zum aus der Haut fahren!

b zum aus der Haut Fahren!

c zum Aus-der-Haut-Fahren!

d zum Aus-der-Haut-fahren!

37

Welches ist die ursprüngliche Bedeutung des Wortes »Geisel«?

- a Leibbürge
- b Patenkind
- c Gefangener
- d Leibeigener

38

Hotelzimmer in großer Höhe sind vielen Menschen ein Gräuel. Am schlimmsten ist es, wenn die Fenster nicht zu öffnen sind, also nicht ... sind.

- a öffnenbar
- b offenbar
- c öffenbar
- d öffentbar

39

Welches gilt als das älteste Zeugnis deutschsprachiger Dichtung?

- a das Heldenepos »Beowulf«
- b die Götter- und Heldendichtung »Edda«
- c das Nibelungenlied
- d das Hildebrandslied

40 Wenn die Uhr diese Zeit anzeigt, dann ist es ...

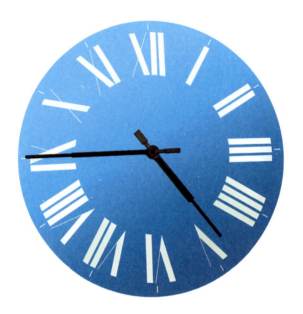

a in Hamburg und Köln Viertel vor fünf und in Dresden und Stuttgart viertel fünf.

b in Hamburg und Köln Viertel vor fünf und in Dresden und Stuttgart drei viertel fünf.

c in Hamburg und Köln drei Viertel vor fünf und in Dresden und Stuttgart drei viertel fünf.

d in Hamburg und Köln Viertel vor fünf und in Dresden und Stuttgart drei viertel vier.

Wie sagt sagt man zur Sahne in Österreich?

Und wie heißt das weibliche Reh doch gleich?

Wie sagt der Matrose »Verstanden! Jawoll!«?

Und was war's, das man aus dem Feuer holen soll?

Verbrennen Sie sich nicht die Finger dabei!

Gleich wird es heiß – in Quizrunde drei!

QUIZRUNDE 3

Zwischenstand: .... Punkte

41

Wörter auf »-and« gibt es wie Sand am Meer. Doch Vorsicht, manche schreiben sich auch mit »dt«. Nur eines dieser vier Wörter ist richtig geschrieben. Welches?

a Gesandschaft
b Verwandschaft
c Versandtkosten
d Gewandmeister

42

Schlagsahne heißt in Österreich ...

a Schlagrahm
b Schlagoberst
c Schlagobers
d Schlagober

43 Nur einer dieser Sätze ist in Hinblick auf die Satzzeichen korrekt. Welcher?

a Nach Abschluss der Arbeiten, machte er sich sogleich auf den Heimweg.
b Trotz des anhaltenden Regens, machte er sich sogleich auf den Heimweg.
c Ohne sich vom Regen aufhalten zu lassen, machte er sich sogleich auf den Heimweg.
d Entgegen seinem ursprünglichen Vorhaben, machte er sich sogleich auf den Heimweg.

44 Wie verhält sich das Mädchen zur Magd?

a Mädchen ist ein Diminutiv von Magd.
b Magd ist ein Euphemismus für Mädchen.
c Mädchen ist ein Anagramm von Magd.
d Mädchen ist der Komparativ von Magd.

45 Was bedeutet das Wort »luschig«?

a träge, langsam
b launisch, unberechenbar
c ungenau, schlampig
d hinterlistig, gemein

46 In der Sesamstraße gab es einst ein Spiel namens »Eins von diesen Dingen ist nicht wie die andern«. Dabei galt es herauszufinden, welches der vier gezeigten Objekte sich von den drei anderen unterschied. Darum geht es auch hier. Welches dieser Wörter ist aufgrund seiner grammatischen Eigenschaften anders als die anderen?

a Abstand
b Bestand
c Umstand
d Verstand

47 Wem etwas im letzten Moment gerade noch gelingt, der hat es sprichwörtlich »auf den letzten Drücker« geschafft. Aus welchem Bereich stammt der Ausdruck »auf den letzten Drücker«?

a Zeitungsdruck
b Medizin
c Jagd
d Eisenbahn

48

Aus der englischen Seefahrt stammt eine berühmt gewordene Erwiderung mit der Bedeutung »Jawohl!« und »Verstanden!«. Wie schreibt sie sich?

a Aye, aye
b Ai, ai
c Eye, eye
d Ey, ey

49

Was man auf gut Glück probiert, das unternimmt man ...

a aufs Geratewohl
b aufs Geradewohl
c aufs gerade Wohl
d aufs Gratewohl

50

Der Mut ist eigentlich männlich, zumindest in grammatischer Hinsicht. Manchmal kann er aber auch weiblich sein. Welches dieser vier Wörter auf -mut ist weiblich?

a Freimut
b Großmut
c Kleinmut
d Wankelmut

51

Nur eines dieser vier Beispiele ist in Hinblick auf die Getrenntschreibung korrekt. Welches?

a eine Detail verliebte Beschreibung
b ein Erdöl exportierendes Land
c ein Mond beschienenes Plätzchen
d ein Spiel entscheidender Zug

52
Wann fand die erste gesetzliche Festlegung der deutschen Rechtschreibung statt, die für alle Schulen und Ämter in Deutschland und Österreich verbindlich war?

- a unter der napoleonischen Besatzung
- b unter Otto von Bismarck
- c unter Kaiser Wilhelm II.
- d unter Konrad Adenauer

53
Bambi ist ein Reh, wir kennen und lieben es vor allem als Kitz. Sein Vater war ein Bock, und seine Mutter (die leider von Jägern erschossen wurde, schluchz!) war eine ...

- a Fähe
- b Aue
- c Bache
- d Ricke

54

Die junge Lady bemühte sich, ihre Rivalin zu ignorieren. Mit anderen Worten:

a Sie würdigte sie keinen Blick.
b Sie würdigte ihr keinen Blick.
c Sie würdigte ihr keines Blickes.
d Sie würdigte sie keines Blickes.

55

Was holt man sprichwörtlich für andere aus dem Feuer, wenn man bereit ist, ihnen zuliebe ein Risiko einzugehen?

a Kohlen
b Kartoffeln
c Kastanien
d Eisen

56

Welches dieser Wörter bedeutet »auf Eingebung beruhend«?

a instinktiv
b instruktiv
c induktiv
d intuitiv

57

Ob Storchenbeine, Habichtsnase oder Spatzenhirn – es gibt vieles, was uns Menschen mit Vögeln verbindet. Welches Vogelmerkmal gibt es aber beim Menschen nicht?

a Hahnenfuß
b Hühnerauge
c Krähenfuß
d Hühnerbrust

58

Bevor Sie sich am Obststand bedienen, müssen Sie sich noch kurz Gedanken über die Zeichensetzung machen, denn nur in einem Fall ist das Komma richtig. In welchem?

a Ich nehme sowohl Äpfel, als auch Birnen.

b Ich nehme weder Äpfel, noch Birnen.

c Ich nehme einerseits Äpfel, andererseits Birnen.

d Ich nehme entweder Äpfel, oder Birnen.

59

Welches ist die Sprache mit den meisten Muttersprachlern in der Europäischen Union? (Großbritannien noch als EU-Mitglied gerechnet)

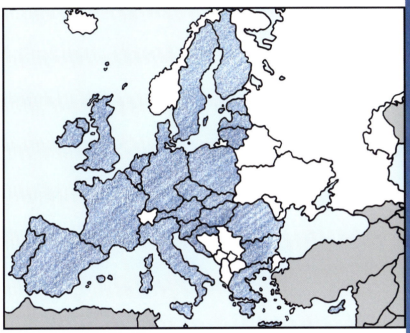

a Englisch
b Deutsch
c Französisch
d Spanisch

60 Es seufzte der Blumenzüchter angesichts der verblühten Pracht:

a Was lange währt, das ist von Wert. Wenn ihr Blumen doch genauso wärt!

b Was lange wärt, das ist von Wert. Wenn ihr Blumen doch genauso wärd!

c Was lange wehrt, das ist von Wert. Wenn ihr Blumen doch genauso wärdt!

d Was lange währt, das ist von Wert. Wenn ihr Blumen doch genauso werd!

Was wird aus »ihm« im Genitiv?

Wo setzt man Kommas im Liebesbrief?

Und schließlich wüsste man noch gern:

Was war denn nun des Pudels Kern?

Nehmen Sie Ihr Ziel ins Visier!

Auf in den Kampf – in Quizrunde vier!

QUIZRUNDE 4

Zwischenstand: .... Punkte

61

Die neue Straße folgt dem Verlauf des alten Deichs, sie verläuft also ...

a längs den alten Deich
b längs dem alten Deich
c längs des alten Deichs
d längs des alten Deich

62

Welche Trennung ist als einzige erlaubt?

a inst-ruktiv
b inte-raktiv
c insp-izieren
d int-elligent

63

Wie heißen Gasthaus und Kneipe in England?

a Inn und Pub
b In und Pub
c Inn und Pup
d In und Pup

64 In der Schweiz kennt man Wörter wie »Einvernahme« (= Verhör), »Bodehochzyt« (= Beerdigung) und »Übergwändli« (= Overall). Doch was ist wohl ein »Tschutimatsch«?

- a ein Schrotthaufen, eine Müllhalde
- b eine klebrige Süßigkeit
- c ein Fußballspiel
- d eine folkloristische Gesangsdarbietung

65 Liebeserklärungen sind manchmal ganz schön kompliziert, erst recht, wenn es um Zeichensetzung geht. Nur in einem Satz ist das Komma richtig. In welchem nämlich?

- a Ich liebe dich mehr, als du glaubst.
- b Ich liebe dich mehr, als irgendjemand sonst.
- c Ich liebe dich mehr, als alles auf der Welt.
- d Ich liebe dich mehr, als irgendjemand anderen.

66 Wessen Ränder und Bänder führten zur Entstehung der Wendung »außer Rand und Band sein«?

a Weidenzäune
b Fässer
c Laufgitter
d Pferdegeschirr

67 Welche Sprache wurde von ihren Nachbarn zuerst als »Kauderwelsch« bezeichnet?

a Jiddisch
b Friesisch
c Sorbisch
d Rätoromanisch

68 Ökologie, Ökonomie und Ökosystem gehen auf das griechische Wort οἶκος (oikos) zurück. Was bedeutet es?

a Natur
b Haushalt
c Gewinn
d Sauberkeit

69

Der Fahrer überstand den Aufprall unbeschadet, weil er sich zuvor ...

a angeschnallt hatte
b angeschnallt hat
c angeschnallt gehabt hat
d angeschnallt gehabt hatte

70

Was ist der »Schlangenträger«?

a ein tropischer Vogel
b ein Süßwasserfisch
c ein Sternbild
d der Hohepriester der Azteken

71

Nur in einer der vier Gruppen sind alle Wörter richtig geschrieben. In welcher nämlich?

a Milz, Pilz, Filz, Pelz, Felz, Welz
b Milz, Pilz, Filz, Pelz, Fels, Welz
c Mils, Pils, Filz, Pelz, Fels, Wels
d Milz, Pils, Filz, Pelz, Fels, Wels

72

In welchem dieser Länder war Deutsch eine Zeit lang Amtssprache?

a Vereinigte Staaten von Amerika
b Chile
c Namibia
d Südafrika

73

Der Ausdruck »Das ist des Pudels Kern« geht auf Goethes Werk »Faust« zurück. Was war damit gemeint?

a das fehlende Glied in der Formel zur Berechnung der Welt
b die Antwort auf die Frage nach dem Sinn des Lebens
c das Göttliche
d der Teufel

74 Ein Dreiecksverhältnis nennt man auch eine ...

a Manège-à-trois
b Ménage-à-trois
c Mélange-à-trois
d Malaise-à-trois

75
Herr Strebeling ärgerte sich maßlos: Statt ... wurde ein völlig unfähiger Kollege befördert!

a ihm
b ihn
c seines
d seiner

76
Onkel Friedrich kann endlich alle seine schönen alten Fotos digitalisieren, denn er hat jetzt einen ...

a Flachbildscanner
b Flachbrettscanner
c Flachbettscanner
d Fachwerkscanner

77
Welcher deutsche Schriftsteller erschuf das »Urmel aus dem Eis«?

a Max Kruse
b Otfried Preußler
c James Krüss
d Michael Ende

78

Woher kommen die Lappen, durch die etwas entwischt, wenn etwas sprichwörtlich »durch die Lappen geht«?

a Aus der Seefahrt: Was beim täglichen Scheuern des Decks von den Wischlappen erfasst wurde und über Bord ging, war unwiederbringlich verloren.
b Aus der Fischerei: Lappen vor den Reusen sollten verhindern, dass die Fische zurückschwimmen konnten.
c Aus der Buchbinderei: Verstärkende Lederstreifen (Lappen) am Buchrücken gaben der Bindung eines Buches besseren Halt.
d Aus der Jagd: Bunte Tücher (Lappen) zwischen den Bäumen sollten die Tiere am Ausbrechen aus dem Jagdrevier hindern.

79

Bei vielen Fremdwörtern sind heute zwei Schreibweisen möglich, eine klassische und eine reformierte. Doch bei welchem dieser Paare ist nur eine Schreibweise zulässig?

a Delfin / Delphin
b Fotografie / Photographie
c Biografie / Biographie
d Filosofie / Philosophie

80 Viel gesprochen und geschrieben wurde ...

a über Goethes letzte Worte
b über Goethes letzten Worte
c über Goethes letzter Worte
d über Goethes letzten Worten

Wie sagt man zu des Würstchens Haut

und wie wird ein Satz mit »verlustig« gebaut?

Und wissen Sie, wie man es nennt,

das Gegenstück zum Orient?

Machen Sie sich auf die Socken – oder auf die Strümpf –

und knacken Sie die Brocken in Quizrunde fünf!

QUIZRUNDE 5

Zwischenstand: ………… Punkte

81

Wie lautet das Gegenstück zu Orient?

a Okzident
b Kukident
c Aszendent
d Opulent

82

Als wäre der Verlust des Gewinns nicht schon schwer genug, sollen Sie diese Misere hier auch noch in einer besonderen Form zum Ausdruck bringen:

a Leider ist mir der Gewinn verlustig gegangen.
b Leider bin ich dem Gewinn verlustig gegangen.
c Leider bin ich des Gewinns verlustig gegangen.
d Leider bin ich den Gewinn verlustig gegangen.

83

Würden Wölfe in den Duden schauen, dann jagten sie korrekt ...

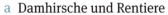

a Damhirsche und Rentiere
b Dammhirsche und Rentiere
c Damhirsche und Renntiere
d Dammhirsche und Renntiere

84

Nicht nur für Kommas gibt es Regeln, sondern auch für alle anderen Satzzeichen. Welches Beispiel ist als einziges typografisch korrekt?

a Das ist ja wohl die Höhe !
b Kannst du mir helfen ?
c Alles Gute zum Geburtstag!
d Die Antwort lautet : Mexiko.

85

Was bedeutet die Redewendung »Da beißt die Maus keinen Faden ab«?

a Davon geht die Welt nicht unter.
b Daran ist nichts zu ändern.
c Das ist völlig nebensächlich.
d Das ist gründlich misslungen.

86

Welcher dieser vier Schriftsteller stammte aus einem anderen Land als die anderen drei?

a Friedrich Dürrenmatt (1921–1990)
b Max Frisch (1911–1991)
c Johannes Mario Simmel (1924–2009)
d Johanna Spyri (1827–1901)

87

»Schicke Pelle!«, sprach der Apfel im Schlafrock anerkennend zum Würstchen im ...

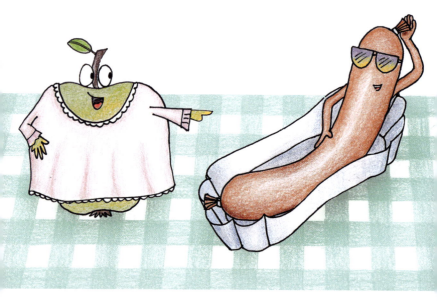

a Seitling
b Saibling
c Sämling
d Saitling

88 Das deutsche Wort für Insekten lautet ...

a Hautflügler
b Weichtiere
c Kerbtiere
d Gliederfüßer

89 Eine alte Redewendung, die zur Vorsicht mahnt, lautet ...

a Schau, sei schlau!
b Trau, schau, wem!
c Trau, schau genau!
d Trau, schau hin!

90 Ernst ist pfiffig, aber nicht der Fleißigste. Angesichts seiner schlechten Leistungen rät ihm sein Lehrer, sich zu steigern. »Nichts leichter als das!«, ruft Ernst und schreibt an die Tafel: »Ernst, ernster, ...

a tot ernst
b toternst
c todernst
d Todernst

91

In welchem der folgenden Sätze sind alle Satzzeichen korrekt?

a Er erkannte seinen Nachbarn – den er nicht besonders mochte – und grüßte nur mit einem stummen Nicken.

b Er erkannte seinen Nachbarn - den er nicht besonders mochte - und grüßte nur mit einem stummen Nicken.

c Er erkannte seinen Nachbarn – den er nicht besonders mochte –, und grüßte nur mit einem stummen Nicken.

d Er erkannte seinen Nachbarn (den er nicht besonders mochte), und grüßte nur mit einem stummen Nicken.

92

Wo befindet sich die größte zusammenhängende deutsche Sprachinsel außerhalb Europas?

a Kanada
b Namibia
c USA
d Brasilien

93 »Schabracke« ist eine wenig schmeichelhafte Bezeichnung für eine nicht besonders attraktive, nicht mehr ganz junge Frau. Was aber ist die eigentliche Bedeutung des Wortes »Schabracke«?

a Vorhang, Schleier

b einfache Behausung, Hütte

c Pferdedecke

d klappriges Gefährt, alter Lastwagen

94
Wie lautet dieser Satz in korrektem Potenzialis, dem Modus der Möglichkeit, der mit dem Konjunktiv II gebildet wird?

> *Wenn du mich fragen würdest, würde ich dir helfen und würde es sogar schneller schaffen als du!*

a Wenn du mich fragtest, hülfe ich dir und schaffte es sogar schneller als du.

b Wenn du mich frägtest, hülfe ich dir und schüfe es sogar schneller als du.

c Wenn du mich fragtest, hölfe ich dir und schüfe es sogar schneller als du.

d Wenn du mich frägtest, hälfe ich dir und schaffte es sogar schneller als du.

95 Was ist ein Epigone?

- a ein Schüler
- b ein Nachahmer
- c ein Bewunderer
- d ein Kritiker

96 Welcher dieser Walt-Disney-Filme basiert auf einer deutschsprachigen Vorlage?

- a Alice im Wunderland (1951)
- b Peter Pan (1953)
- c Bambi (1942)
- d Die vielen Abenteuer von Winnie Puuh (1977)

97 Bei welchem dieser Paare ist nur eine Schreibweise zulässig?

- a behende / behände
- b aufwendig / aufwändig
- c einwenden / einwänden
- d einbleuen / einbläuen

98
Wo findet man Döbel, Äschen, Rotfedern und Finten?

- a im Werkzeugkasten
- b im Fluss
- c auf der Wiese
- d in der Waffenkammer

99
Welche Aussage ist als einzige grammatisch korrekt?

- a Eine Leistung, die seinesgleichen sucht.
- b Jede Zeit hat seine Moden.
- c Alles zu seiner Zeit.
- d Qualität hat seinen Preis.

100

Welche Schranken führten vor langer Zeit zur Entstehung der Redensart »jemanden in die Schranken weisen«?

a die Schranken am Grenzübergang, von denen es zu Zeiten der Kleinstaaterei noch viele gab

b die Holzschranken, die das auf dem Versammlungsplatz tagende Gericht gegen die Menge abschirmten

c die Turnierschranken, die zwei berittene Kämpfer voneinander trennten

d die Standesschranken, die auf der Ständeversammlung die Vertreter von Adel, Klerus und Bürgertum voneinander trennten

Aus welcher Sprache stammen wohl

der Admiral und Alkohol?

Wer kennt sich mit Strich und Faden aus?

Und was kam beim Hornberger Schießen heraus?

Was ist die Kartoffel für ein Gewächs?

Dies gilt es zu lösen in Quizrunde sechs!

QUIZRUNDE 6

Zwischenstand: .... Punkte

101

Zum Jahreswechsel wünscht man einander in korrekter Schreibung ...

a ein frohes Neues Jahr
b ein Frohes Neues Jahr
c ein frohes neues Jahr
d ein frohes, neues Jahr

102

Der Braten kennt die Röhre, der Hase liebt die Möhre. Doch was ist eine Föhre?

a eine Sedimentschicht im Gestein
b ein Nadelbaum
c eine Felseninsel vor der skandinavischen Küste
d eine junge Kuh

103

Wenn Sie Vegetarier sind, wird Ihnen diese Frage vermutlich nicht schmecken. Die Antwort kennen Sie vielleicht trotzdem: Ein junges Masthuhn nennt man ...

a Poulade
b Roulade
c Poularde
d Pullade

104
Als Metall auf Metall traf, sind die Funken nur so gestoben! Das klingt perfekt – im Perfekt. Und wie lautet der Infinitiv?

a steuben
b steben
c stoben
d stieben

105
Der Esel gilt als sturer Bock. Er kann aber auch anders. Manchmal wird er übermütig. Und ein Sprichwort sagt:
Wenn es dem Esel zu wohl ist, ...

a sticht ihn der Hafer.
b geht er aufs Eis.
c tanzt er auf dem Tisch.
d steigt er aufs Dach.

106 In welchem Satz stimmen die Zeichen?

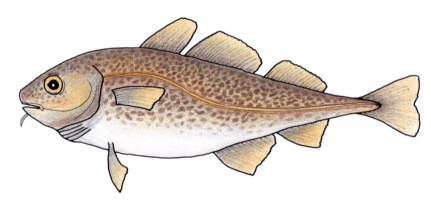

a Dass es Fisch gibt heißt nicht dass heute Freitag ist.

b Dass es Fisch gibt heißt nicht, dass heute Freitag ist.

c Dass es Fisch gibt, heißt nicht dass heute Freitag ist.

d Dass es Fisch gibt, heißt nicht, dass heute Freitag ist.

107

Auch wenn sich alle wunderbar reimen:
Eines dieser vier Wörter unterscheidet sich von
den drei anderen in grammatischer Hinsicht.
Welches Wort ist es?

- a die Träne
- b die Späne
- c die Schwäne
- d die Zähne

108

Wenn etwas endet wie das sprichwörtliche
»Hornberger Schießen«, wie endet es dann?

- a mit einem Unentschieden
- b mit einer vernichtenden Niederlage
- c ohne ein Ergebnis
- d mit einem teuer erkauften Sieg

109

Ein malerisches Hin und Her am Rhein und
an der Seine ist ...

- a die Flussauf- und Abwärtsfahrt der Kähne
- b die Flussaufundabwärtsfahrt der Kähne
- c die Flussauf- und -abwärtsfahrt der Kähne
- d die Flussauf-und-abwärts-Fahrt der Kähne

110 Das Wort »Kartoffel« geht zurück auf das italienische Wort für ...

a Äpfel
b Trüffel
c Kastanien
d Knollen

111 Erst als er vor dem Ruin stand, merkte Herr Tüchtig, dass ihn sein Geschäftspartner nach Strich und Faden betrogen hatte. Woher stammt die Wendung »nach Strich und Faden«?

a aus der Heilkunst
b aus dem Maurerhandwerk
c aus der Seefahrt
d aus dem Weberhandwerk

112 Welches dieser Wörter passt nicht zu den anderen?

a wenigstens
b immerhin
c jedenfalls
d zumindestens

113 Komm mit Kuchen! Komm mit Tee! Denn heute tagt das ...

a Komitee
b Kommitee
c Commitee
d Komittee

114

In Gruppen zu mehreren können Punkte zu einem ausgelassenen Treiben führen. Doch auch hierbei gelten Regeln. Wie sitzen die Auslassungspunkte richtig?

a Er wartete … und wartete … und wartete.
b Er wartete... und wartete... und wartete.
c Er wartete …. und wartete …. und wartete.
d Er wartete . . . und wartete . . . und wartete.

115

Ein »Schabernack« ist ein übermütiger Streich. Bei den alten Germanen war es noch etwas anderes. Nämlich was?

a ein Trompetensignal
b eine Bestrafung
c eine Auszeichnung
d ein Waldgeist

116
Die Müllers gingen zu sich nach Hause.
Wir folgten ihnen dabei. Wohin also folgten wir
den Müllers?

a Wir folgten den Müllers zu sich nach Hause.
b Wir folgten den Müllers zu ihnen nach Hause.

117

Aus welcher Sprache stammen die Wörter »Alkohol«, »Admiral«, »Matratze« und »Magazin«?

a aus dem Lateinischen
b aus dem Türkischen
c aus dem Arabischen
d aus dem Französischen

118

In unserer Bücherei ist einiges durcheinandergeraten! Nur ein Werk steht noch hinter dem Namen des richtigen Verfassers. Nämlich welches?

a Friedrich Schiller:
»Götz von Berlichingen«

b Heinrich von Kleist:
»Die Räuber«

c Johann Wolfgang von Goethe:
»Der zerbrochne Krug«

d Gotthold Ephraim Lessing:
»Nathan der Weise«

119

Wie viele Fehler aus den Bereichen Rechtschreibung, Grammatik und Zeichensetzung enthält dieser Hinweis (ohne die selbst gewählte Schreibweise der DB-Station-&-Service-AG)?

a sechs
b fünf
c drei
d vier

120

Gesucht wird ein anderes Wort für »Benehmen« und »Verhalten«. Wie heißt es?

a das Gebahren
b das Gebaren
c das Gebärden
d das Gebähren

Wie viele sind 99 plus zwei Dalmatiner?

Wann heißt es »wieder« und wann dagegen »wider«?

Sie wissen vielleicht, wie der Hase läuft, aber wie läuft der Fuchs?

Sind Sie gewappnet und schlau wie ein Luchs?

Oder werden Sie diesmal ins Bockshorn getrieben?

Das wird sich zeigen – in Quizrunde sieben!

QUIZRUNDE 7

Zwischenstand: .... Punkte

121

Moby Dick war ein riesiger Pottwal von fast 25 Metern Länge, also ein …

- a 25 Meter langer Wal
- b 25-Meter-langer Wal
- c 25 meterlanger Wal
- d 25-meterlanger Wal

122

Welche dieser südeuropäischen Städte wird im Italienischen genauso genannt wie im Deutschen?

- a Mailand
- b Neapel
- c Nizza
- d Genua

123

Summ, summ, meine kleine Biene, summ herum, flieg zur Blume, flieg ins Licht, doch bitte, liebe Biene, …

- a steche mich nicht!
- b stich mich nicht!
- c stech' mich nicht!
- d stich' mich nicht!

124 Wo endet ein Satz regulär nie mit einem Punkt?

- a auf amtlichen Hinweistafeln
- b in Paragrafen (§)
- c im Postscriptum (PS)
- d in Überschriften

125 Haben Sie ein Einsehen! Aber nicht auf unserer Terrasse, die ist nämlich …

- a uneinsichtlich
- b unansehbar
- c uneinsehbar
- d uneinsichtig

126 Was ruft man scherzhaft, wenn jemand an die Tür klopft und man nicht weiß, wer hereinkommen wird?

- a Herein, wenn's kein Halunke ist!
- b Herein, wenn's kein Schneider ist!
- c Herein, wenn's kein Pfaffe ist!
- d Herein, wenn's kein Zigeuner ist!

127

Welches ist (oder war einmal) der deutsche Name für New York?

a Neujork
b Neuyork
c Neu-York
d New-York

128

Was haben ein weißes Pferd und ein Fäulnispilz gemeinsam? Oder auch ein Geldinstitut und eine Sitzgelegenheit im Park?

a Sie sind Homonyme (= Gleichklinger).
b Sie sind Oxymora (= Gegensätze).
c Sie sind Synonyme (= Gleichbedeuter).
d Sie sind Anagramme (= Schüttelwörter).

129

Was bedeutet die Redensart »jemanden ins Bockshorn jagen«?

a jemanden zur Verzweiflung bringen
b jemanden vertreiben, zum Teufel jagen
c jemanden verunsichern, auf eine falsche Fährte locken
d jemanden anschwärzen, verfluchen, verwünschen

130

Mit welchen Wörtern sind die beiden Lücken zu füllen, damit ein sinnvoller Satz entsteht?

Wenn ihr es schaffen wollt, müsst ihr ohne Pause ...., und ihr müsst ... als alle anderen vor euch!

a weiter fahren ... weiterfahren
b weiterfahren ... weiterfahren
c weiter fahren ... weiter fahren
d weiterfahren ... weiter fahren

131

Was bedeutet das Wort »Fährnis«?

a Gerechtigkeit
b Gefahr, Risiko
c Fährte, Spur
d Fahrerlaubnis für Personenfähren

132

Zwei Gedankenstriche und ein Punkt sind schon vorgegeben. Wie viele Zeichen fehlen noch in diesem Satz?

Dass ausgerechnet er der unstete Abenteurer den Vater mit einer solchen Nachricht überraschen würde – und das auch noch an seinem Geburtstag – hätte niemand für möglich gehalten.

a keins
b eins
c zwei
d drei

133

Im Mittelalter nannte man es noch »Sackpfeife«, später wurde daraus der »Dudelsack«. Woher stammt der erste Teil des Wortes?

a vom deutschen Wort »dudeln«
b vom englischen Wort »doodle«
c vom türkischen Wort »düdük«
d vom polnischen Wort »dudek«

134

Fehlerhaft bedruckte Papierbogen nennt man ...

a Makulatur
b Errata
c Matrizen
d Falsifikate

135

Käfer krabbeln, Elefanten trampeln, Hennen rennen, Robben robben – und wie läuft der Fuchs? Der Fuchs ...

a schnurrt
b spürt
c schnürt
d spurt

136

Jeder kennt den Disney-Klassiker »101 Dalmatiner« – wie heißt der Titel ausgeschrieben in korrektem Deutsch?

a Hunderteins Dalmatiner
b Hundertundein Dalmatiner
c Einhunderteins Dalmatiner
d Hundertundeins Dalmatiner

137

Wiederum sind widrige Umstände schuld daran, dass nur eines der folgenden vier Wörter richtig geschrieben ist. Welches?

- a Wiederstand
- b Wiederwort
- c Wiederspruch
- d Wiedergruß

138

Nur eines dieser Werke aus dem Kanon der deutschsprachigen Nachkriegsliteratur ist dem richtigen Verfasser zugeordnet. Nämlich welches?

- a Günter Grass: »Deutschstunde«
- b Max Frisch: »Homo Faber«
- c Siegfried Lenz: »Ansichten eines Clowns«
- d Heinrich Böll: »Die Blechtrommel«

139

Wer sprichwörtlich Schwein gehabt hat, der strahlt wie ein Honigkuchenpferd und freut sich wie ein Schneekönig. Was aber ist ein Schneekönig?

a eine Märchengestalt
b ein Gebäckstück
c ein besonders schöner Schneemann
d ein Vogel

140

Ob Sie es glauben oder nicht: Die weiblichen Bewohner des Planeten 'N-Zrr haben drei Brüste. So weit, so schön. Aber jetzt die Frage: Wie viel ist das in Busen umgerechnet?

a ein Busen
b anderthalb Busen
c zwei Busen
d drei Busen

Können Sie sagen, wofür »Indik« steht?

Und wie verhalten sich Berg und Prophet?

Was ist an der Deutung von Platzangst so schwer;

was hat man, kriecht man einem Jet hinterher?

Und woraus wird Hokuspokus gemacht?

Das sind die Fragen in Quizrunde acht!

QUIZRUNDE 8

Zwischenstand: .... Punkte

141

»Ich brauche mich nicht vorzubereiten«,
beruhigte Direktor Stutzig seine Frau.
»Ich halte den Vortrag aus dem ...!«

a Stehgreif
b Stegreif
c Steckreif
d Stegreich

142

Was verbirgt sich hinter dem Wort »Indik«?

a ein Eskimo-Volk
b ein Fachausdruck für »Eingeborene«
c ein Kurzwort für Indischer Ozean
d im Gegensatz zum Beatnik ein Anhänger folkloristischer Musik

143

Eine stark veraltete Technik oder Methode nennt man ...

a rückständisch
b rückständlich
c rückständig
d rückstandhaft

144

Wie heißt das Sprichwort vom Berg und vom Propheten richtig?

a Wenn der Prophet nicht zum Berg kommt, muss der Berg zum Propheten gehen.

b Wenn der Berg ruft, muss der Prophet kommen.

c Wenn der Prophet nicht zum Berg geht, kommt der Berg auch nicht zum Propheten.

d Wenn der Berg nicht zum Propheten kommt, muss der Prophet zum Berg gehen.

145

Keine Angst, das schaffen Sie!
Welche dieser Phobien steht für die Angst vor Menschengedränge und dem Überqueren weiter Plätze?

a Agoraphobie
b Klaustrophobie
c Pyrophobie
d Arachnophobie

146 Welche Schlussformel setzt die richtigen Zeichen?

a Mit freundlichen Grüßen,
Sabrina Mayer

b Mit freundlichen Grüßen:
Sabrina Mayer!

c Mit freundlichen Grüßen
Sabrina Mayer.

d Mit freundlichen Grüßen
Sabrina Mayer

147 Solange es Urlaub gibt, so lange ist er viel zu schnell vorbei. Urlaub gab es schon im Mittelalter. Woher stammt das Wort?

a vom Wort »erleben«

b vom Wort »Laub«, da Urlaub früher erst nach der Erntezeit, also zur Zeit des Laubfalls im Herbst, genommen werden konnte

c von »überloben« (= in den höchsten Tönen loben, auszeichnen, belohnen)

d vom Wort »erlauben«

148 Ein Lebewesen, das in der Lage ist, sich zu wehren und zu verteidigen, ist …

a wehrfähig
b wehrhaft
c wehrsam
d wehrbar

149 Woher kommt das Wort »Turteltaube«?

a vom Verb »turteln«, das ein »verliebtes Verhalten« beschreibt

b vom lateinischen »turtur«, das eine Lautnachahmung des Gurrens der Tauben ist

c vom Namen des britischen Vogelkundlers Jonathan Turtle, der die Turteltaube 1758 spezifizierte

d von der Pariser Straße »rue de Tourtille« im 20. Arrondissement, in der die ersten Turteltauben (= pigeons de la Tourtille) gezüchtet wurden und noch heute eine Touristenattraktion sind

150

Worauf geht die Zauberformel »Hokuspokus« zurück?

- a auf die ersten Worte im Buch der Zaubersprüche Merlins
- b auf das Abendmahl
- c auf den Namen eines Mönchs, der sich der schwarzen Magie verschrieben hatte
- d auf die arabischen Worte, mit denen jede Koransure beginnt

151

Viele Konditoreien bieten außer Kaffee und Kuchen im Haus auch einen ...

- a außer Haus Verkauf
- b Außer Haus Verkauf
- c Außer-Haus-Verkauf
- d außerhaus Verkauf

152

Wer mit dem Flugzeug mehrere Zeitzonen durchreist, der kann dabei ganz schön durcheinandergeraten. Die Störung des biologischen Rhythmus nennt man …

a Jetlag
b Jetlack
c Jetleck
d Jetleg

153

Wie viele Kommas gehören in diesen Satz?

> Ich freue mich dass es Ihnen trotz des schlechten Wetters bei uns gefallen hat und bitte Sie Ihrer Frau meine herzlichsten Grüße auszurichten.

a keins
b eins
c zwei
d drei

154

Es gibt 87 deutsche Flüsse mit einer Länge von mehr als 100 Kilometern; davon sind 79 weiblich und lediglich acht männlich. Der längste und bekannteste davon ist der Rhein. In welchem der folgenden Paare hat sich ein weiblicher Flussname versteckt?

a Inn / Kocher
b Kyll / Lech
c Main / Neckar
d Regen / Rhin

155

Eine Stampede ist eine in wilder Flucht begriffene Tierhorde. Ihre Gewalt ist nicht zu unterschätzen. Eine Elefantenstampede kann ganze Bäume zum Umstürzen bringen. Woher stammt das Wort »Stampede«?

a vom englischen Wort »stampede«
b vom französischen Wort »la stampède«
c vom italienischen »stampa estera«
d vom lateinischen »stante pede«

156

Welches dieser Märchen ist nicht deutschen Ursprungs?

a Zwerg Nase
b Der Froschkönig
c Des Kaisers neue Kleider
d Das tapfere Schneiderlein

157

Nun mal aufgepasst! Welche Zusammenschreibung ist unzulässig?

a erstmal
b nochmal
c nichtmal
d keinmal

158

Der Lago Maggiore ist der zweitgrößte See Italiens, auch wenn ein Teil von ihm zur Schweiz gehört. Wie lautet sein deutscher Name?

a Magnussee
b Großer See
c Oberer See
d Langensee

159 Woher stammt der »Otto Normalverbraucher«?

a aus dem Roman »Berlin Alexanderplatz« von Alfred Döblin (1929)

b aus dem englischen Spielfilm »Der dritte Mann« von 1949

c aus dem Roman »Uns geht's ja noch gold« von Walter Kempowski (1972)

d aus dem deutschen Spielfilm »Berliner Ballade« von 1948

160 Zu dieser Frage gibt es gleich zwei Tipps: Hinter der Präposition »trotz« folgt der Genitiv, und hinter dem Mengenwort »alle« wird schwach gebeugt. Wie werden »alle schönen neuen Dinge« hinter »trotz« also korrekt gebeugt?

a trotz allen schönen neuen Dingen
b trotz aller schönen neuen Dinge
c trotz aller schöner neuen Dinge
d trotz aller schöner neuer Dinge

Woran zieht, wer »Leine zieht«?

Wie fällt man durch und was geschieht,

wenn man Bier mit Brause mischt?

(Außer dass es schäumt und zischt?)

Augen auf und steif die Ohren!

Geben Sie dem Pferd die Sporen,

mög' es springen und nicht scheu'n,

beim wilden Ritt durch Runde neun!

QUIZRUNDE 9

Zwischenstand: .... Punkte

161

Das wissen Sie mit hochprozentiger Wahrscheinlichkeit: Gemäß den EU-Bestimmungen bestehen Brandy und Weinbrand mindestens zur Hälfte aus …

a Brandwein
b Brandtwein
c Brantwein
d Branntwein

162

Hellwach und hoch motiviert, …

a klotzt man vor Energie
b protzt man vor Energie
c strotzt man vor Energie
d sprotzt man vor Energie

163

In welchem der folgenden Beispiele gehört zwischen die Attribute ein Komma?

a der erste neue Zahn
b die feine englische Art
c das junge frische Gemüse
d der berühmte letzte Satz

164

Mit welchem Lied gewann der Österreicher Udo Jürgens 1966 den Eurovision Song Contest (der damals noch Grand Prix Eurovision de la Chanson genannt wurde)?

a Merci, Chérie
b Merci, Chéri
c Merci, chèrie
d Merci, Chèri

165
Eines dieser Spottwörter hat nur scheinbar mit einem Vogel zu tun, in Wahrheit steckt etwas anderes dahinter. Welches ist der falsche Vogel?

a Hupfdohle
b Spinatwachtel
c Schmierfink
d Schnapsdrossel

166
Um einem Pferd die Sporen zu geben, braucht der Reiter an jedem Stiefel jeweils …

a ein Sporn
b einen Sporn
c eine Spore
d einen Sporen

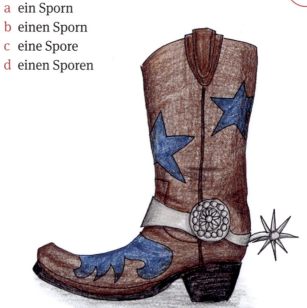

167

Wenn man bei einer Prüfung nicht bestanden hat, so spricht man auch von »durchgefallen«. Dies geht auf eine mittelalterliche Sitte zurück, der zufolge ein Freier merkte, dass er von seiner Angebeteten abgewiesen wurde, indem sie ihn durch etwas hindurchfallen ließ. Nämlich durch was?

a einen Reifen
b ein Netz
c einen Korb
d ein Fass

168

Diese vier Sätze unterscheiden sich nur in Hinblick auf die Zeichensetzung. Welcher von ihnen ist korrekt?

a Wir bitten Sie vor Verlassen des Raumes das Licht auszuschalten.

b Wir bitten Sie vor Verlassen des Raumes, das Licht auszuschalten.

c Wir bitten Sie, vor Verlassen des Raumes das Licht auszuschalten.

d Wir bitten Sie, vor Verlassen des Raumes, das Licht auszuschalten.

169
Welches dieser vier alkoholischen Getränke gehört nicht zu den anderen?

a Alsterwasser
b Radler
c Weinschorle
d Panaché

170
Welches dieser Fremdwörter fällt aus der Reihe, weil es aus anderen Bausteinen zusammengesetzt ist als die anderen?

a Oktopus
b Pentagon
c Trilogie
d Paragraf

171
Was bedeutet das zur Jugendsprache gehörende Wort »Babo«?

a Anführer, Boss
b Freund, Kumpel
c Dummkopf, Trottel
d jüngerer Bruder

172

Wie viele Fehler verstecken sich in diesem Hinweis?

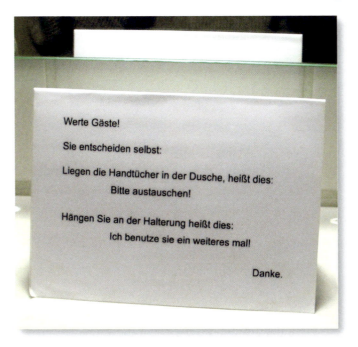

a ein Fehler
b zwei Fehler
c drei Fehler
d vier Fehler

173

Diese zwölf Wörter haben jeweils zwei Bedeutungen. Elf davon haben auch zwei unterschiedliche Geschlechter. Eines aber hat nur ein Geschlecht. In welcher Gruppe versteckt es sich?

a Kiefer / Schild / Tau
b Steuer / See / Mast
c Gehalt / Teil / Schock
d Verdienst / Strauß / Laster

174

Das Zerkleinern von Zweigen oder Stroh hat nichts mit Hexerei zu tun. Wie wird es tatsächlich geschrieben?

> Bernd S. aus Jena hat sich vor anderthalb Jahren in einem Baumarkt einen **Gartenhexler** gekauft. Vor einiger Zeit nun machte sich unser Leser noch einmal auf zum Baumarkt, weil er sich gerne noch ein Ersatzmesser für das Gerät kaufen wollte.

(aus der »Ostthüringer Zeitung«)

a hächseln
b häckseln
c hechseln
d heckseln

175

Der Ausspruch »Noblesse oblige« bedeutet ...

a Ehre, wem Ehre gebührt.
b Nobel geht die Welt zugrunde.
c Ein Schelm, wer Böses dabei denkt.
d Adel verpflichtet.

176

Nach unzähligen Windungen und Wendungen des Amazonas erreichte der Tropenforscher das Lager. Da vernahm er ein unheilvolles Geräusch. Er ... sich um und erschrak: Direkt vor seinen Füßen ... sich eine riesige Schlange.

a wand ... wandte
b wandte ... wand
c wand ... wand
d wand ... wandt

177

Natürlich lebt der alte Holzmichel noch. Er ist ...

a quicklebendig
b quietschlebendig
c quieklebendig
d quetschlebendig

178

Kinder, Kinder, welch ein Durcheinander! Nur ein Werk steht hinter dem Namen des richtigen Verfassers. Nämlich welches?

a Erich Kästner: »Das fliegende Klassenzimmer«
b Astrid Lindgren: »Momo«
c Otfried Preußler: »Die Brüder Löwenherz«
d Michael Ende: »Der Räuber Hotzenplotz«

179

Vor dem Referendum über die Revision der Reformation trafen sich ein Referent und ein Reverend. Der Referent hatte gerade vor einer Gruppe Referendare ein Referat über reflexive Verben gehalten. Der Reverend hatte einem befreundeten Referee am Klavier eine Reverie vorgespielt. Jeder erwies somit dem feinen Unterschied die Ehre und bezeugte ihm aufs Trefflichste seine …

a Referenz
b Reverenz

180 Welcher Gegenstand ist gemeint in dem Ausdruck »Zieh Leine«?

a Angelschnur
b Schiffstau
c Galgenstrick
d Klingelschnur

Warum sind Schiffsnamen ausnahmslos weiblich?

Was ist am Wort »unwirsch« so »un«-beschreiblich?

Warum soll man Eulen nicht nach Athen tragen?

Und was lässt sich über Adverbien sagen?

Bereit fürs Finale? Wir werden es seh'n!

Geben Sie alles – in Quizrunde zehn!

QUIZRUNDE 10

Zwischenstand: .... Punkte

181 Die Fellwolle des Schafs heißt ...

a Flies
b Fließ
c Fleece
d Vlies

182 Wer alle Bindungen hinter sich lässt und in die Welt hinauszieht, den kümmern weder Grenzen noch ...

a Bänder
b Bände
c Bande
d Banden

183 »Unwirsch« bedeutet »mürrisch«, »griesgrämig« – was bedeutet dann »wirsch«?

a freundlich, höflich
b zornig, schroff
c gut gelaunt, fröhlich
d schwermütig, ernst

184

Weil ihm die vielen französischen Lehnwörter verhasst waren, erfand der Sprachpfleger Joachim Heinrich Campe (1746–1818) zahlreiche deutsche Pendants – besser gesagt: Entsprechungen. Besonders gelungen ist ihm die Übersetzung des französischen Wortes »Rendezvous«. Wie nämlich lautete sie?

a Triffmichdort
b Habmichgern
c Stelldichein
d Hörmirzu

185

Woher stammt das Zitat »… und bist du nicht willig, so brauch' ich Gewalt«?

a aus dem Alten Testament (in der Übersetzung nach Martin Luther)

b aus dem Sachsenspiegel (Rechtsbuch des Mittelalters)

c aus Goethes Ballade vom »Erlkönig« (1782)

d aus dem »nützlichen Rathgeber zur musterlichen Eheführung« (1886)

186

Auf den ersten Blick wirken diese vier Wörter sehr ähnlich, doch eines unterscheidet sich in grammatischer Hinsicht von den drei anderen. Welches ist es?

a verbogen
b verhoben
c verlogen
d verzogen

187

Woher kommt es, dass Schiffsnamen im Deutschen immer weiblichen Geschlechts sind – wie die »Titanic«, die »Gorch Fock«, die »Peter Pan« oder die »Europa«?

a aus dem Französischen, denn dort ist es ebenso

b aus dem Englischen, denn dort ist es ebenso

c vom Geschlecht der Schiffstypen (die Kogge, die Karavelle, die Brigg etc.)

d von einer Festlegung Kaiser Wilhelms II. aus dem Jahr 1912

188

Was man im Handumdrehen erledigt, das schafft man auch …

a in null Komma nichts
b in Null Komma nichts
c in Null Komma Nichts
d in Nullkommanichts

189

Wir drei trafen die anderen zwei. Wie müssen dann die Kommas richtig sitzen?

a Peter Ahrens, mein Nachbar, und ich trafen uns mit Herrn Zänker, dem Vermieter und seinem Anwalt.

b Peter Ahrens, mein Nachbar und ich trafen uns mit Herrn Zänker, dem Vermieter und seinem Anwalt.

c Peter Ahrens, mein Nachbar, und ich trafen uns mit Herrn Zänker, dem Vermieter, und seinem Anwalt.

d Peter Ahrens, mein Nachbar und ich trafen uns mit Herrn Zänker, dem Vermieter, und seinem Anwalt.

190

Wenn eine Sache überflüssig oder Verschwendung ist, spricht man auch von »Eulen nach Athen tragen«. Wieso brauchte Athen angeblich keine Eulen?

a Die Eule war bereits in der Antike ein Symbol für Weisheit, und Athen galt als Hauptstadt der Weisheit.
b Als Symbolvogel der Göttin Athene zierte die Eule athenische Münzen, und Athen war eine reiche Stadt.
c Mit Eulen sind Eulenfalter (Noctuidae) gemeint, deren Raupen komplette Ernten vernichten und eine bevölkerungsreiche Stadt wie Athen in große Not bringen konnten.
d »Eule« war die Typenbezeichnung eines besonders wendigen Kampfschiffs, und Athen verfügte über die größte und schlagkräftigste Flotte in der Ägäis.

191

Was versteht man im englischsprachigen Raum unter »public viewing«?

a Gruppenfernsehen
b öffentlich-rechtliches Fernsehen
c Gemeindevorführung
d öffentliche Aufbahrung

192 Die Abkürzung »ff.« steht nicht für »fix und fertig«, sondern wofür?

a Fortsetzung folgt
b folgende (Seiten, Paragrafen etc.)
c fortissimo (= sehr laut)
d Freiwillige Feuerwehr

193

Welche beiden Schriftsteller waren Zeitgenossen? Es spielt keine Rolle, ob sie einander persönlich kannten oder sich je begegnet sind. Hier geht es nur darum, welche beiden zur selben Zeit als Schriftsteller gewirkt haben.

a Johann Wolfgang von Goethe und Wilhelm Busch
b Karl May und Theodor Fontane
c Gotthold Ephraim Lessing und Heinrich Heine
d Theodor Storm und Thomas Mann

194

Worin unterscheiden sich Namen von Inseln und Halbinseln in grammatischer Hinsicht?

a Im Geschlecht. Inseln sind weiblich, Halbinseln männlich.

b In der Beugung. Inseln werden stark gebeugt, Halbinseln schwach.

c Im Numerus. Inseln können im Plural stehen, Halbinseln nicht.

d Im Artikel. Viele Halbinseln haben einen, Inseln nicht.

195
Was trennt stärker als ein Komma, aber nicht so stark wie ein Punkt?

a die Parenthese
b der Gedankenstrich
c das Semikolon
d der Apostroph

196
Wie wird die berühmteste Abkürzung der Welt auf Deutsch korrekt geschrieben?

a o. k.
b ok
c OK
d o.k.

197
Ein Drama Friedrich Schillers aus dem Jahr 1784 trägt den Titel »Kabale und Liebe«. Es zählt noch heute zu den bedeutendsten deutschen Theaterstücken. Was bedeutet »Kabale«?

a Verwirrung, Durcheinander
b Ordnung, Gebot
c Streiterei, Zank
d Ränke, Intrige

198 Adverbien (Umstandswörter) sind eine Wortart, die dazu dient, das Wie, Wo und Wann eines Satzes zu bestimmen. Welche der folgenden Eigenschaften trifft außerdem auf Adverbien zu?

a Sie können nicht am Satzanfang stehen.

b Sie können nicht substantiviert (d. h. zu Hauptwörtern gemacht) werden.

c Sie können nicht gebeugt werden.

d Sie können nicht durch Vorsilben verlängert werden.

199 Welche literarische Gestalt erlangte unsterblichen Ruhm durch die Worte »Er aber, sag's ihm, er kann mich im Arsche lecken«?

a Götz von Berlichingen
b Don Quijote
c Wilhelm Tell
d Der Schinderhannes

200 Was bedeutet das Wort »deutsch«?

a gottesfürchtig, ehrenhaft
b zum Volk gehörend
c tapfer, mutig, kühn
d anders, fremd

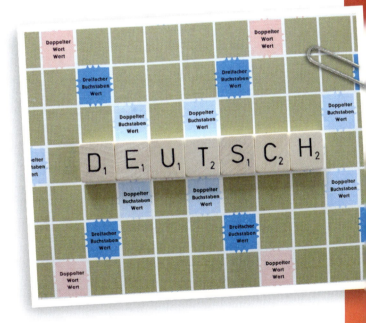

DIE LÖSUNGEN

QUIZRUNDE 1

1
»Je näher der Sommer rückt, ... freue ich mich auf die Ferien!« – Wie schreibt man das, was hier fehlt?

umso mehr — b

Wie »desto« bezeichnet »umso« die Verstärkung einer Steigerung. Das nachfolgende Adjektiv steht davon getrennt: umso besser, umso weniger, umso stärker, umso mehr.

2
Was bedeutet das Wort »Oligarchie«?

Herrschaft der Wenigen — b

Das aus dem Griechischen stammende Wort »Oligarchie« ist eine Zusammensetzung aus *ὀλίγοι* (oligoi = wenige) und *ἀρχεῖν* (árchein = herrschen). Im Unterschied zur Monarchie (= Herrschaft eines Einzelnen) und zur Aristokratie (= Herrschaft der Besten) steht Oligarchie für die Herrschaft einer (kleinen) Gruppe, die sich die Macht im Lande aufgeteilt hat.

3 Ein Bautischler, der zugleich ein Möbeltischler ist, ist ein ...

Bau- und Möbeltischler — a

Der erste Tischler wird durch einen Ergänzungsstrich ersetzt. Ein Ergänzungsstrich steht, genau wie ein Bindestrich, direkt am Wort, ohne Lücke. Er ist ebenso lang wie ein Bindestrich und somit kürzer als ein Gedankenstrich.

4 Die Miete wird fällig zu Beginn ...

eines jeden Monats — d

Ein jeder Monat wird im Genitiv zu »eines jeden Monats«. Dabei werden der unbestimmte Artikel »ein« und das männliche Hauptwort »Monat« stark gebeugt, während das Pronomen »jeder« schwach gebeugt wird.

5 Was bedeutet das Wort »unverwandt«?

unablässig, ununterbrochen — d

»Unverwandt« bedeutet »ohne sich abzuwenden«, »ohne abzulassen«, »ohne Unterbrechung« und wird meistens auf den Blick bezogen: »Er starrte mich unverwandt an.«

6 Was wird hier tatsächlich verkauft?

Walkie-Talkies — b

Das Walkie-Talkie (Mehrzahl: Walkie-Talkies) ist ein Handsprechfunkgerät. Es wurde 1937 vom Kanadier Donald Hings erfunden, der es zunächst »packset« nannte. Die Firma Motorola produzierte im Zweiten Weltkrieg tragbare Funkgeräte für die US-Armee, die »Walkie-Talkies« genannt wurden.
Neben den schweren Walkie-Talkies, die wie Rucksäcke auf dem Rücken getragen wurden, gab es auch kompaktere Geräte mit geringerer Reichweite, die zunächst »Handie-Talkies« genannt wurden. Auf diesen Begriff griff die Industrie 50 Jahre später zurück und formte daraus das englisch anmutende Wort »Handy«, das allein im deutschsprachigen Raum für Mobiltelefone verwendet wird.

7 Der Konjunktiv hat kaum noch Konjunktur. Manche befürchten, er könnte eines Tages verschwinden. Und sie geben zu bedenken, dass damit auch ein bedeutsames Stück unserer Kultur ...

verschwände — c

Der Konjunktiv II wird aus der Vergangenheitsform gebildet, die dazu oft umgelautet wird. Die Vergangenheit von »verschwinden« lautet »verschwand«, der Konjunktiv II folglich »verschwände«. Somit steht zu befürchten, dass mit dem Konjunktiv auch ein bedeutsames Stück unserer Kultur *verschwände*.

8
Die meisten öffentlichen Plätze und U-Bahnhöfe sind heute ...

videoüberwacht ——————————————— (d)

Was mittels einer Videokamera überwacht ist, ist videoüberwacht (oder kameraüberwacht). Es handelt sich um ein zusammengesetztes Adjektiv, das folglich auch zusammengeschrieben werden muss.

9
Was einem prophezeit wird, das wird einem ...

geweissagt ——————————————— (c)

Prophezeien bedeutet weissagen, und das Perfektpartizip von weissagen lautet »geweissagt«.

10

Die Redewendung »Perlen vor die Säue werfen« stammt ...

aus dem Matthäus-Evangelium — **d**

Im Matthäus-Evangelium heißt es in Kapitel 7, Vers 6: »Ihr sollt das Heilige nicht den Hunden geben und eure Perlen sollt ihr nicht vor die Säue werfen.« Gemeint waren damit keine Austernperlen, sondern Bröckchen vom geheiligten Brot, das zum Abendmahl gereicht wurde.

11

Die Mutter beteuert vor Gericht: »Herr Richter, ich habe den Jungen immer wieder gewarnt, aber er wollte ... nicht auf mich hören!«

partout — **c**

Das aus dem Französischen entlehnte »partout« (gesprochen: partuh) bedeutet »unbedingt«, »absolut«, »um jeden Preis«: »Er wollte partout gewinnen«, »Ich konnte den Schlüssel partout nicht wiederfinden«, »Er wollte partout nicht auf mich hören«.

12 Was besitzt jemand, der Chuzpe hat?

Frechheit ─────────────────────── (d)

»Chuzpe« ist ein Wort aus dem Jiddischen und bedeutet Kühnheit, Frechheit, Unverfrorenheit, Dreistigkeit.

13 In den USA verlaufen die Telefonleitungen nicht unterirdisch, sondern ...

oberirdisch ─────────────────────── (c)

Was überirdisch ist, ist nicht von dieser Welt, was außerirdisch ist, erst recht nicht. Ebenerdig bedeutet zu ebener Erde. Die Telefonleitungen verlaufen oberhalb der Erde, daher oberirdisch.

14 Woher hat der »Bernstein« seinen Namen?

vom Wort »brennen« ─────────────────────── (b)

Das Wort »Bernstein« ist aus dem mittelniederdeutschen »bernen« (= brennen) entstanden. Bernstein bedeutet also Brennstein, denn er ist brennbar. Das liegt an seiner organischen Zusammensetzung: Bernstein besteht aus fossilem, das heißt versteinertem Baumharz.

15 Was bringt man sprichwörtlich ins Trockene?

seine Schäflein — a

Schäfer mussten ihre Herden immer wieder auf höher gelegene Weiden treiben, um sie vor Überschwemmungen, Parasiten oder Seuchen zu schützen. Wer seine Schäflein (oder Schäfchen) »ins Trockene« gebracht hatte, der hatte gut vorgesorgt.

16 Ein anderes Wort für »gehörig«, »tüchtig« lautet …

weidlich — c

Das mittelhochdeutsche Wort »weide(n)lich« bedeutete »frisch«, »wacker«, »stattlich« und geht vermutlich auf das Verb »weidenen« (= jagen) zurück, von dem sich auch der Waidmann ableitet.

17 Wie lautet das Fremdwort für Einwanderer?

Immigranten ——————————————————————(d)

Migranten sind in der Zoologie ab- oder eingewanderte Tiere, in der Soziologie sind es Menschen, die sich auf eine Wanderung begeben und den Wohnort wechseln. Wenn sie dabei ihr Land verlassen, werden sie zu Emigranten (lat. e-migrare = hinausziehen), wenn sie in ein anderes Land ziehen, werden sie aus dessen Sicht zu Immigranten (lat. im-migrare = hineinziehen). Migranten sind also Wanderer, Emigranten Auswanderer und Immigranten Einwanderer.

18

Unter der »Quintessenz« versteht man heute das Wesentliche, den Kern einer Sache. Was aber war ursprünglich damit gemeint?

Äther, das Element der Himmelskörper — a

Die »quinta essentia« war schon in der Spätantike und im Mittelalter der Ausdruck für das geheimnisvolle fünfte Element der Himmelskörper, das Aristoteles als Äther bezeichnet hatte. Es galt als besonders edel und rein, und so wurde die Quintessenz zum Inbegriff für das Allerfeinste.

19

Was ist ein »Hund«, wenn's kein Tier oder Schimpfwort ist?

ein Förderwagen — a

Ein Hund (oder Hunt) ist in der Fachsprache der Bergleute ein kastenförmiger Förderwagen. Der Name geht auf ein altes Mengenmaß zurück, das sich von der Zahl 100 ableitet: Ein Hund waren hundert Körbe. Heute versteht man unter einem Hund meist einen Möbelroller: eine solide Platte auf Rollen, mit der Umzugsgüter transportiert werden können.

20 Wie viele anerkannte Minderheitensprachen gibt es in Deutschland?

sieben ——————————————————————— c

Die sieben (derzeit) in Deutschland anerkannten Minderheitensprachen sind: Niederdeutsch (in Schleswig-Holstein, Hamburg, Bremen, Niedersachsen und Mecklenburg-Vorpommern), Dänisch (in Schleswig-Holstein), Nordfriesisch (in Schleswig-Holstein), Saterfriesisch (in Niedersachsen), Obersorbisch (in Sachsen), Niedersorbisch (in Brandenburg) und Romani (in Hessen). Obwohl mehr als zwei Millionen Türkischsprechende in Deutschland leben, zählt Türkisch nicht zu den anerkannten Minderheitensprachen.

QUIZRUNDE 2

21
Der Hase, der in der Heiden saß, die Kuh, die sich labte am Weidengras, der Wolf, der schließlich die beiden fraß, sie alle hatten …

einen Heidenspaß — d

Der Heidenspaß wird in einem Wort geschrieben, genauso wie der Heidenärger, das Heidenspektakel, der Heidenlärm oder die Heidenangst.

22
Was genau ist eine Olympiade?

der Zeitraum von vier Jahren zwischen zwei Olympischen Spielen — c

Unter einer »Olympiade« wird im klassischen Sinn der Zeitraum zwischen zwei Olympischen Spielen verstanden; heutzutage wird »Olympiade« aber auch für den Zeitraum der Spiele selbst verwendet. Bei der Frage geht es aber nicht um die umgangssprachliche Bedeutung, sondern um die klassische Definition.

23

Wer sprichwörtlich »die Hucke vollkriegt«, bekommt eine Menge Ärger, Unannehmlichkeiten, womöglich sogar eine Abreibung. Was aber ist eine Hucke überhaupt?

ein altes Wort für ein Lastenbündel — c

Die Hucke war ursprünglich ein Wort für »Haufen« (wie den Reisighaufen) und wurde dann zur Last, die man auf dem Rücken trägt, also zum Lastenbündel, wie es zum Beispiel Hausierer mit sich herumtrugen. So entstand auch das Wort »huckepack« für »auf dem Rücken getragen«. In der Wendung »die Hucke vollkriegen« dient die Hucke als scherzhafter Ersatz für den Rücken, denn eigentlich bekommt man »den Rücken voll« (mit Prügel).

24

Bei »Edeka« in Klostermansfeld (Sachsen-Anhalt) gibt es »Rindermulch« und Torf. Das führt natürlich zu der Frage: Wenn Mulch bei »Edeka« aus Rindfleisch ist, woraus besteht dann der Torf? Uns interessiert hier noch eine andere Frage: Welches Geschlecht hat das Wort Mulch?

männlich — a

Der Mulch ist männlich. Und »Rindermulch« ist selbstverständlich ein Druckfehler, denn tatsächlich befindet sich in den Säcken Rindenmulch.

25
Braucht die Überschrift »Klimakonferenz droht im Chaos zu versinken« ein Komma?

Uno-Gipfel in Durban
Klimakonferenz droht im Chaos zu versinken
Fundamental-Forderungen gefährden einen Erfolg bei der Klimakonferenz in Durban: Ein ne

(von spiegel.de)

Nein, ein Komma wäre falsch. — b

Das Verb »drohen« in der Bedeutung »im Begriff sein« ist ein unechtes Hilfsverb und darf nicht mit Komma vom erweiterten Infinitiv (»im Chaos zu versinken«) getrennt werden. Nur wenn »drohen« die Bedeutung »mit etwas drohen«, »ankündigen« hat, steht vor dem erweiterten Infinitiv ein Komma: »Er droht ihr, das Haushaltsgeld zu kürzen.«

26
Ein alter juristischer Fachausdruck für »Nutzungsrecht« lautet ...

Nießbrauch — b

Der Nießbrauch (zu nießen = genießen) bezeichnet in der Rechtssprache ein Nutzungsrecht. Wer im Genuss eines solchen Nutzungsrechtes ist, wird Nießnutzer genannt. Nicht zu verwechseln mit dem Nichtsnutz.

27

Der Wahltag rückte immer näher. Überall in der Stadt ...

hängten die Parteien letzte Plakate auf. — (c)

Das regelmäßige Verb »aufhängen« ist transitiv, das heißt, es hat ein Objekt. Jemand (= Subjekt) hängt etwas (= Objekt) auf. Die Vergangenheitsformen lauten »ich hängte ... auf / du hängtest .... auf / er, sie, es hängte ... auf / wir hängten ... auf / ihr hängtet ... auf / sie hängten ... auf«. Das unregelmäßige Verb »hängen« ist intransitiv, hat also kein Objekt. Da hängt man nicht etwas irgendwohin, sondern man hängt selbst. Die Vergangenheitsformen lauten »ich hing«, »du hingst«, »er, sie, es hing«, »wir hingen«, »ihr hingt« und »sie hingen«.

28

Wie viele Fehler verstecken sich in diesem Hinweis?

vier Fehler — (d)

1. Das Verb »verlassen« ist substantiviert und muss daher großgeschrieben werden.
2. Die Trennung des »Masch-inenraumes« ist falsch; folgende Trennungen sind richtig: Ma-schi-nen-rau-mes.
3. Das zweite Komma ist falsch; denn »bei Verlassen des Raumes« ist weder ein Einschub noch ein Nebensatz, sondern eine adverbiale Ergänzung, und adverbiale Ergänzungen werden nicht durch Komma vom Satz getrennt.
4. Das Objekt des Verbs »hinterlassen« steht im Akkusativ, und der Akkusativ von »kein Abfall« lautet »keinen Abfall«.

29

Wie schreibt sich das berühmte Weihnachtslied korrekt?

O du fröhliche ———————————————— d

Hier ist das gefühlsbetonte Anredewort »o« gefragt, das kürzeste Wort unserer Sprache. Es wird ohne »h« geschrieben. Es dient der Verstärkung des unmittelbar folgenden Namens oder Wortes und darf daher nicht mit Komma abgetrennt werden: o Liebste; o mein Herz; o Tannenbaum; o Jesulein süß; o du fröhliche, gnadenbringende Weihnachtszeit.

Der Ausruf »oh« hingegen ist ein Ausdruck des Erstaunens, des Bedauerns oder Entsetzens und ist vor der »fröhlichen Weihnachtszeit« daher weniger passend.

30

Gibt es einen Bedeutungsunterschied zwischen Fahne und Flagge?

Nein. Es sind zwei Wörter verschiedenen Ursprungs für dieselbe Sache. — c

In den vermeintlichen Unterschied zwischen Fahne und Flagge wird viel hineingelesen, was nie da war. Tatsächlich sind es zwei Wörter unterschiedlicher Herkunft mit derselben Bedeutung. Da das Niederdeutsche die Sprache der Seefahrer war, war das Wort Flagge vor allem in der Seefahrt verbreitet, während die Fahne (aus althochdeutsch »fano« = Tuch) vorrangig im Landesinneren verbreitet war. Aufgrund ihrer unterschiedlichen Herkunft sind beide Wörter in unterschiedlichen feststehenden Ausdrücken und Redewendungen zu finden, in denen sie nicht austauschbar sind: Zum Flaggenalphabet kann man nicht Fahnenalphabet sagen, und wer sich etwas »auf die Fahnen geschrieben« hat, der hat es sich nicht auf die Flaggen geschrieben. Dennoch ist der Bedeutungsunterschied zwischen Fahne und Flagge nicht größer als der zwischen »Feudel« und »Wischlappen«.

31

»Wovon handelt Ihr neues Buch ›Dr. Xing, Zoe & ich‹?«, fragt der Moderator den jungen Schriftsteller. Der räuspert sich und erwidert sodann grammatisch korrekt: »Es handelt ...

... von einem Autor, einem Chirurgen und einem Leoparden. — b

Der Chirurg und der Leopard werden schwach gebeugt, das heißt, sie werden im Genitiv, Dativ und Akkusativ zum Chirurgen und Leoparden. Der Autor hingegen wird (wie alle anderen Wörter, die auf -tor enden) stark gebeugt: der Autor, des Autors, dem Autor, den Autor.

32
Beim Korrigieren der letzten Arbeit lief Lehrer Lempel fast die Galle über. Nur eines der Wörter mit »Gal-« hatte der Schüler richtig geschrieben. Welches?

Galeone ——— b

Korrekt sind Galerie, Galeone, Galaxie und Galopp.

33
Ein Thema, das zur Sprache kommt, bringt man sprichwörtlich ...

aufs Tapet ——— c

»Tapet« (von lat. »tapetum« = Teppich, Decke) ist ein Wort für den Stoff oder Filz, mit dem einst die Konferenztische bezogen waren. Ein Thema, das aufs Tapet kam, kam also auf den Tisch und wurde zur Verhandlungssache. Die Wendung entstand vermutlich Anfang des 18. Jahrhunderts in Anlehnung an den französischen Ausdruck »mettre une affaire sur le tapis«.

34 Wie viele Kommas benötigt dieser Satz zu seiner Vervollkommnung?

> *Ich wollte Sie fragen, ob es möglich wäre, dass Sie mir in einer Angelegenheit, die äußerste Diskretion erfordert, einen Rat geben.*

vier — d

Es handelt sich um einen Hauptsatz (»Ich wollte Sie fragen«), an den sich zwei Nebensätze anschließen (»ob es möglich wäre« und »dass Sie mir in einer Angelegenheit einen Rat geben«), in deren letzten ein Relativsatz eingeschoben ist (»die äußerste Diskretion erfordert«). Je ein Komma vor den beiden Nebensätzen sowie je eines vor und hinter dem eingeschobenen Relativsatz ergeben vier Kommas insgesamt.

35
Um bestimmte mathematische Probleme zu lösen, kann man sich eines … bedienen.

Algorithmus — b

Richtig ist der »Algorithmus«. Klanglich ähnelt er dem »Rhythmus«, etymologisch kommt er jedoch aus einer ganz anderen Ecke: Im 9. Jahrhundert verfasste der persische Gelehrte Muhammed al-Chwarizmi ein Rechenlehrbuch, das in der lateinischen Übersetzung mit den Worten »Dixit Algorismi« (= »Algorismi hat gesagt«) begann. In Anlehnung an griechisch »arithmós« (= Zahl) wurde daraus der Algorithmus.

36
»Sag nicht, du hast schon wieder vier Asse!«, ereifert sich Tante Karla beim Pokern. »Das ist ja …«

zum Aus-der-Haut-Fahren! — c

Bei Zusammensetzungen mit substantiviertem Infinitiv werden alle Bestandteile mit Bindestrichen verbunden. Großgeschrieben werden der erste Bestandteil (hier: Aus), der substantivierte Infinitiv (hier: Fahren) und alle beteiligten Hauptwörter (hier: Haut). Nach Art des Aus-der-Haut-Fahrens werden auch das Sich-wieder-Beruhigen und das Beim-nächsten-Mal-cooler-Bleiben gebildet.

37
Welches ist die ursprüngliche Bedeutung des Wortes »Geisel«?

Leibbürge — (a)

»Geisel« geht auf das mittelhochdeutsche Wort »gīsel« zurück, welches wiederum seinen Ursprung im Keltischen hat, und bedeutete ursprünglich »Leibbürge«. Es hatte also zunächst nichts mit Erpressung, Bankraub oder Flugzeugentführung zu tun, das kam erst später. Im Altertum war es durchaus üblich, die Töchter und Söhne einer Stadt als Friedenspfand zu tauschen; eine Geisel sein zu dürfen, war demnach eine Ehre. Das Ehrenvolle spiegelt sich auch in den Namen Giselher, Giselbert und Gisela wider.

38
Hotelzimmer in großer Höhe sind vielen Menschen ein Gräuel. Am schlimmsten ist es, wenn die Fenster nicht zu öffnen sind, also nicht … sind.

öffenbar — (c)

Die mit der Endsilbe »bar« gebildete Ableitung von »öffnen« heißt »öffenbar«. Das Verb »öffnen« hieß im Mittelalter noch »offenen«, wurde dann durch Umlautung zu »öffenen« und verlor schließlich das unbetonte »e« in der Mitte. Auch wenn dieses »e« weggefallen ist, so gehört es noch zum Wortstamm. Und »öffen« + »bar« ergibt »öffenbar«. Ähnliche Beispiele sind:

atmen → atembar (mhd. atemen)
berechnen → berechenbar (mhd. rechenen)
ordnen → ordenbar (mhd. ordenen)
widmen → widembar (mhd. widemen)
zeichnen → zeichenbar (mhd. zeichenen)

39 Welches gilt als das älteste Zeugnis deutschsprachiger Dichtung?

das Hildebrandslied — d

Das Hildebrandslied stammt aus dem 9. Jahrhundert und ist ein in althochdeutscher Sprache verfasstes Heldenepos in Stabreimen. »Beowulf« ist ein Heldengedicht aus dem 8. Jahrhundert und gilt als eines der ältesten Zeugnisse altenglischer Dichtung. Die »Edda« ist in altisländischer Sprache verfasst und stammt aus dem 13. Jahrhundert. Das Nibelungenlied entstand um 1200, zur Blütezeit der mittelhochdeutschen Dichtung.

40
Wenn die Uhr die dargestellte Zeit anzeigt, dann ist es ...

in Hamburg und Köln Viertel vor fünf und in Dresden und Stuttgart drei viertel fünf. — **b**

Die Zeitangabe 4.45 Uhr oder 16.45 Uhr heißt im Osten und Süden des deutschen Sprachraums »drei viertel fünf«, denn es sind drei Viertel der fünften Stunde. Im Norden und Westen nennt man es Viertel vor fünf. (In »Viertel vor« und »Viertel nach« wird »Viertel« großgeschrieben, weil das Viertel ein Hauptwort ist. In »viertel fünf« und »drei viertel fünf« wird »viertel« kleingeschrieben, weil es ein Zahlwort ist.)

QUIZRUNDE 3

41 Wörter auf »-and« gibt es wie Sand am Meer. Doch Vorsicht, manche schreiben sich auch mit »dt«. Nur eines dieser vier Wörter ist richtig geschrieben. Welches?

Gewandmeister — d

Korrekt sind: Gesandtschaft, Verwandtschaft, Versandkosten und Gewandmeister.

42 Schlagsahne heißt in Österreich ...

Schlagobers — c

Das ostoberdeutsche Wort »Obers« bedeutet »das Obere der Milch«, also »Sahne«. Die Endung auf »-s« zeigt an, dass es sich um ein Neutrum handelt: das Obers, das Schlagobers.

43 Nur einer dieser Sätze ist in Hinblick auf die Satzzeichen korrekt. Welcher?

Ohne sich vom Regen aufhalten zu lassen, machte er sich sogleich auf den Heimweg. — **c**

»Ohne sich vom Regen aufhalten zu lassen« ist ein sogenannter erweiterter Infinitiv, der in der Regel mit Komma getrennt wird. Die anderen drei Beispiele beginnen mit adverbialen Ergänzungen, die nicht mit Komma vom Satz abgetrennt werden dürfen.

44 Wie verhält sich das Mädchen zur Magd?

Mädchen ist ein Diminutiv von Magd. — **a**

Das Mädchen (süddeutsch: Mädel) ist die Verkleinerungsform des Wortes Magd. Der Fachausdruck lautet Diminutiv(um) oder Deminutiv(um), von lat. »deminuere« = verringern, verkleinern (daher auch »minus« = »weniger«).
Ein Euphemismus ist eine Schönfärberei oder Verhüllung (z. B. »entschlafen« für »sterben«), ein Anagramm ist ein Schüttelwort (z. B. »Rohsahne« → »Hasenohr«), und ein Komparativ ist eine Vergleichs- oder Steigerungsform (z. B. *höher, schneller, weiter*).

45 Was bedeutet das Wort »luschig«?

ungenau, schlampig — c

Das Adjektiv »luschig« bedeutet »ungenau«, »liederlich«, »schlampig«. Es kommt vom Hauptwort »Lusche«, das im 17. Jahrhundert noch »Hündin« bedeutete, später dann ein Schimpfwort für schlechte Spielkarten (Nieten) und menschliche Versager wurde.

46 Welches dieser Wörter ist aufgrund seiner grammatischen Eigenschaften anders als die anderen?

Verstand — d

Von Abstand, Bestand und Umstand lässt sich jeweils die Mehrzahl bilden (Abstände, Bestände und Umstände), von Verstand jedoch nicht. Das Wort »Verstand« ist unzählbar. Darum kann man von Verstand auch nie zu viel haben.

47

Aus welchem Bereich stammt die Redewendung »auf den letzten Drücker«?

Eisenbahn — d

Die Redewendung »auf den letzten Drücker« bezieht sich auf den Türgriff an alten Eisenbahnwaggons. War der Zug bereits losgefahren, musste man sich sehr beeilen, um den letzten Türdrücker des letzten Waggons zu fassen zu bekommen.

48

Aus der englischen Seefahrt stammt eine berühmt gewordene Erwiderung mit der Bedeutung »Jawohl!« und »Verstanden!«. Wie schreibt sie sich?

Aye, aye

Das aus drei Buchstaben bestehende »aye« ist möglicherweise durch Verdrehung des Wortes »yea« entstanden, das »ja« bedeutet. Das einfache »aye« ist noch heute bei Abstimmungen im britischen Unterhaus zu hören. In der englischen Seefahrt hat sich das gedoppelte »aye« als Befehlserwiderung etabliert. Während »Yes, Sir!« lediglich Zustimmung signalisiert, bedeutet »Aye, aye, Sir!« sehr viel mehr, nämlich dass ein Befehl verstanden wurde und sofort umgesetzt werden wird.

49

Was man auf gut Glück probiert, das unternimmt man …

aufs Geratewohl

Etwas, von dem wir hoffen, dass es *wohl geraten*, das heißt gut gelingen möge, tun wir aufs Geratewohl.

50

Der Mut ist eigentlich männlich, zumindest in grammatischer Hinsicht. Manchmal kann er aber auch weiblich sein. Welches dieser vier Wörter auf -mut ist weiblich?

Großmut — b

Die Großmut ist weiblich, genau wie die Anmut, die Armut, die Demut, die Langmut, die Sanftmut, die Schwermut und die Wehmut. Der Freimut, der Kleinmut und der Wankelmut sind männlich, wie auch der Edelmut, der Hochmut, der Lebensmut, der Missmut, der Übermut, der Unmut und der Wagemut.
Und der Helmut.

51

Nur eines dieser vier Beispiele ist in Hinblick auf die Getrenntschreibung korrekt. Welches?

ein Erdöl exportierendes Land — b

Bei Zusammensetzungen mit Partizipien ist sowohl Getrenntschreibung als auch Zusammenschreibung möglich. Das erdölexportierende Land kann daher auch ein »Erdöl exportierendes Land« sein. Bei den anderen Beispielen handelt es sich jedoch nicht bloß um Zusammensetzungen aus Hauptwort und Partizip, sondern um verkürzte Wortgruppen, die zusammengeschrieben werden müssen: detailverliebt (= ins Detail verliebt), mondbeschienen (= vom Monde beschienen), spielentscheidend (= das Spiel entscheidend).

52
Wann fand die erste gesetzliche Festlegung der deutschen Rechtschreibung statt, die für alle Schulen und Ämter in Deutschland und Österreich verbindlich war?

unter Kaiser Wilhelm II. — c 3

Die Erste Orthographische Konferenz von 1876 war am Veto Bismarcks für Preußen gescheitert, dem sich die an der Abstimmung teilnehmenden Bundesstaaten anschlossen. Erst die Zweite Orthographische Konferenz des Jahres 1901 brachte eine einheitliche, für alle Schulen und Ämter verbindliche Rechtschreibung hervor, basierend auf der »preußischen Schulorthographie« des Germanisten Wilhelm Wilmanns, eines Vertrauten Konrad Dudens. Kaiser Wilhelm II. hielt nichts von der Neuregelung und stimmte ihrem Inkrafttreten nur widerwillig zu. Zehn Jahre lang, bis 1911, bestand er darauf, dass alle ihm vorgelegten Schriftsätze in der alten Rechtschreibung verfasst waren.

53
Bambi ist ein Reh, wir kennen und lieben es vor allem als Kitz. Sein Vater war ein Bock, und seine Mutter (die leider von Jägern erschossen wurde, schluchz!) war eine ...

Ricke — d

Das weibliche Reh wird Rehgeiß oder Ricke genannt. Aue ist das weibliche Schaf, Fähe ist eine Füchsin und Bache eine Wildsau.

54

Die junge Lady bemühte sich, ihre Rivalin zu ignorieren. Mit anderen Worten:

Sie würdigte sie keines Blickes. — d

Der Ausdruck »jemanden etwas würdigen« steht mit Akkusativ der Person (hier: sie) und Genitiv der Sache (hier: keines Blickes).

55

Was holt man sprichwörtlich für andere aus dem Feuer, wenn man bereit ist, ihnen zuliebe ein Risiko einzugehen?

Kastanien — c

Die Redewendung findet sich zwar in allen möglichen Varianten, von »für jemanden die heißen Eisen aus dem Feuer holen« bis »für jemanden die Kartoffeln aus dem Keller holen«, doch handelt es sich in diesen Fällen entweder um scherzhafte Verdrehungen oder um unwissentliche Überkreuzungen mit anderen Redensarten. Die korrekte Form für »jemandem zuliebe etwas Riskantes tun« lautet »für jemanden die Kastanien aus dem Feuer holen«. Sie geht zurück auf eine Fabel des französischen Dichters Jean de

(Abb.: »Le Singe et le Chat« von Gustave Doré)

La Fontaine (1621–1695), in der ein Affe eine Katze dazu bringt, für ihn geröstete Kastanien aus dem Kamin ihres Herrn zu stibitzen.
200 Jahre nach ihrem Erscheinen wurden La Fontaines Fabeln von dem französischen Zeichner Gustave Doré meisterlich illustriert.

56 Welches dieser Wörter bedeutet »auf Eingebung beruhend«?

intuitiv — d

»Intuitiv« bedeutet »auf Eingebung (= Intuition) beruhend«; »instinktiv« bedeutet »naturgetrieben« oder »von einem Gefühl geleitet«; »instruktiv« bedeutet »aufschlussreich«; »induktiv« bedeutet »vom Einzelnen zum Allgemeinen führend«.

57 Ob Storchenbeine, Habichtsnase oder Spatzenhirn – es gibt vieles, was uns Menschen mit Vögeln verbindet. Welches Vogelmerkmal gibt es aber beim Menschen nicht?

Hahnenfuß — a

Krähenfüße sind Gesichtsfältchen, Hühneraugen schmerzhafte Verdickungen der Hornhaut, und Hühnerbrust ist ein abwertender Ausdruck für eine flache Männerbrust, in der Medizin auch der Name für eine Vorwölbung des Brustbeins. Hahnenfuß hingegen ist eine Pflanzengattung, die fast überall auf der Welt zu finden ist, aber nicht auf dem menschlichen Körper.

58

Bevor Sie sich am Obststand bedienen, müssen Sie sich noch kurz Gedanken über die Zeichensetzung machen, denn nur in einem Fall ist das Komma richtig. In welchem?

Ich nehme einerseits Äpfel, andererseits Birnen. — c

Nur das Komma vor »andererseits« ist korrekt, da »andererseits« keine Konjunktion ist, sondern ein Adverb. Die anderen Beispiele enthalten Konjunktionen, die nur dann durch ein Komma getrennt werden, wenn sie zwei Sätze verbinden. (Zum Beispiel: »Weder mochte er Äpfel, noch wollte er Birnen.«) Alle vier Beispiele stellen aber jeweils nur einen Satz dar.

59

Welches ist die Sprache mit den meisten Muttersprachlern in der Europäischen Union? (Großbritannien noch als EU-Mitglied gerechnet)

Deutsch — b

Mit 90 Millionen ist Deutsch die Sprache mit den meisten Muttersprachlern in der Europäischen Union, gefolgt von Französisch (66 Millionen), Englisch (60 Millionen), Italienisch (60 Millionen) und Spanisch (45 Millionen). Auf ganz Europa bezogen ist Deutsch ebenfalls die Sprache mit den meisten Muttersprachlern (96 Millionen mit der Schweiz), dicht gefolgt von Russisch (95 Millionen).

60

Es seufzte der Blumenzüchter angesichts der verblühten Pracht:

Was lange währt, das ist von Wert. Wenn ihr Blumen doch genauso wärt! — a

»Was lange währt« kommt vom Verb »währen«, das »fortbestehen«, »andauern« bedeutet. »Wenn ihr Blumen doch genauso wärt« (oder: wäret) ist der Konjunktiv II von »sein«, der die Formen hat: ich wäre, du wärst, er wäre, wir wären, ihr wär(e)t, sie wären.

QUIZRUNDE 4

61 Die neue Straße folgt dem Verlauf des alten Deichs, sie verläuft also ...

längs des alten Deichs — c

Die Präposition »längs« steht standardsprachlich mit dem Genitiv: längs des alten Deichs. Der Gebrauch des Dativs (längs dem alten Deich) ist zwar ebenfalls verbreitet, gilt jedoch als umgangssprachlich.

62 Welche Trennung ist als einzige erlaubt?

inst-ruktiv — a

Nur inst-ruktiv ist korrekt getrennt. Man kann es auch in-struktiv oder ins-truktiv trennen. Die anderen Beispiele sind nicht mit dem Prinzip der Silbentrennung vereinbar. Sie lassen sich folgendermaßen trennen: in-ter-ak-tiv, in-spi-zie-ren (oder ins-pi-zie-ren) und in-tel-li-gent.

63 Wie heißen Gasthaus und Kneipe in England?

Inn und Pub

Das englische Gasthaus ist das »Inn« (verwandt mit unserem Wort »innen«), die Kneipe der oder das »Pub« (sprich: Pabb, von »public home« = öffentliches Haus).
Das unten stehende Beispiel stammt aus Celle und darf sich nicht wundern, wenn es für einen Kaninchenfurz gehalten wird.

64

In der Schweiz kennt man Wörter wie »Einvernahme« (= Verhör), »Bodehochzyt« (= Beerdigung) und »Übergwändli« (= Overall). Doch was ist wohl ein Tschutimatsch?

ein Fußballspiel ────────────────── c

Ein »Tschutimatsch« (oder »Tschuttimatsch«) ist ein Fußballspiel. Es handelt sich um eine Schweizer Zusammensetzung aus engl. »shoot« (schweizerisch »tschute« = Fußball spielen, kicken) und »match« (= Wettkampf, Spiel).

65
Liebeserklärungen sind manchmal ganz schön kompliziert, erst recht, wenn es um Zeichensetzung geht. Nur in einem Satz ist das Komma richtig. In welchem nämlich?

Ich liebe dich mehr, als du glaubst. — a

Bei »mehr als« steht nur dann ein Komma, wenn hinter »als« ein Nebensatz folgt. Und zu einem Nebensatz gehört ein konjugiertes Verb, sprich: ein Prädikat. Ein solches ist »glaubst«. Die anderen drei Beispiele sind einfache Vergleiche ohne Nebensatz, daher ist bei ihnen das Komma fehl am Platz.

66
Wessen Ränder und Bänder führten zur Entstehung der Wendung »außer Rand und Band sein«?

Fässer — b

Die Wendung »außer Rand und Band« bezog sich ursprünglich auf das Fass mit seinen Eisenbändern. Wenn ein Fass umstürzte und seine Bretter sich dabei aus der Umfassung der Eisenbänder und des Bodenrands lösten, war es »außer Rand und Band«, dann gab es für die Trauben oder das Bier (oder was immer das Fass enthielt) kein Halten mehr.

67

Welche Sprache wurde von ihren Nachbarn zuerst als »Kauderwelsch« bezeichnet?

Rätoromanisch — d

Welsch ist ein altes deutsches Wort für romanische Sprachen. Kauer war der tirolerische Name für Chur. Die Bewohner des Rheintals von Chur sprachen Rätoromanisch, was für ihre deutschsprachigen Nachbarn nicht zu verstehen war. Das Welsch der Kauer wurde als »Kauderwelsch« zum Synonym für unverständliches Gerede.

68

Ökologie, Ökonomie und Ökosystem gehen auf das griechische Wort οἶκος (oikos) zurück. Was bedeutet es?

Haushalt — b

Oikos (οἶκος, Plural: οἶκοι) war im alten Griechenland die Haus- und Wirtschaftsgemeinschaft, die den Lebensmittelpunkt bildete.

69

Der Fahrer überstand den Aufprall unbeschadet, weil er sich zuvor …

angeschnallt hatte — a

Die Vorvergangenheit wird mittels des Plusquamperfekts ausgedrückt. Es wird mit dem Perfektpartizip und der Vergangenheitsform von »haben« (hatte / -st / -n / -t) oder »sein«

(war / -st / -en / -t) gebildet. Formen mit verdoppeltem Perfekt wie »gesagt gehabt« oder »gemacht gehabt« gehören zur Umgangssprache und entsprechen nicht dem Standard.

70 Was ist der »Schlangenträger«?

ein Sternbild — c

4

Der Schlangenträger ist eines der 13 Sternbilder, die die Sonne im Laufe eines Jahres durchwandert. Der lateinische Name lautet Ophiuchus, von griechisch Ὀφιοῦχος (Ophiouchos). Der Legende nach stellt es Asklepios (= Äskulap) dar, den griechischen Gott der Heilkunst, dessen »Markenzeichen« ein Stab ist, um den sich eine Schlange windet. Aus historischen Gründen zählt der Schlangenträger aber nicht zu den Sternzeichen, denn das sind – wie die Anzahl der Monate – zwölf.

71

Nur in einer der vier Gruppen sind alle Wörter richtig geschrieben. In welcher nämlich?

Milz, Pils, Filz, Pelz, Fels, Wels — d

Die Milz (= Organ), der Pilz (= Pflanze), der Filz (= Gewebe) und der Pelz (= Tierfell) werden mit »z« geschrieben, das Pils (= Bier), der Fels (= Felsen) und der Wels (= Fisch) mit »s«.

72

In welchem dieser Länder war Deutsch eine Zeit lang Amtssprache?

Namibia — c

Namibia war von 1885 bis 1915 eine deutsche Kolonie (mit dem Namen Deutsch-Südwestafrika). Auch heute noch wird in Namibia Deutsch gesprochen, wenngleich nicht mehr als Amtssprache. Ihren Widerstand gegen die deutsche Kolonialherrschaft mussten die indigenen Herero und Nama zu Zehntausenden mit dem Leben bezahlen. Die Niederschlagung ihres Aufstands gilt als der erste Völkermord des 20. Jahrhunderts. Eine Entschädigung hat es nie gegeben.

73

Der Ausdruck »Das ist des Pudels Kern« geht auf Goethes Werk »Faust« zurück. Was war damit gemeint?

der Teufel — d

Der Teufel Mephistopheles erschien dem Gelehrten Faust zunächst in Gestalt eines schwarzen Pudels, der ihm bei einem Spaziergang zulief. Als Faust den unruhig gewordenen Pudel mit Zauberformeln beschwört, entpuppt sich das Tier als der Teufel Mephisto. Darauf spricht Faust die Worte: »Das also war des Pudels Kern.«

74

Ein Dreiecksverhältnis nennt man auch eine ...

Ménage-à-trois — b

Ménage-à-trois bedeutet wörtlich »Drei-Personen-Haushalt« und bezeichnet ein Liebesverhältnis zwischen drei Menschen. Die Wörter »manège« (Zirkusrund), »mélange« (Mischung) und »malaise« (Übelkeit) gibt es gleichwohl, aber üblicherweise nicht in der Verbindung mit der Zahl drei.

75
Herr Strebeling ärgerte sich maßlos: Statt … wurde ein völlig unfähiger Kollege befördert!

seiner — d

Die Präpositionen »statt«, »anstatt« und »anstelle« stehen standardsprachlich mit dem Genitiv. Der Genitiv der 3. Person, Einzahl, männlich, lautet »seiner«.

76
Onkel Friedrich kann endlich alle seine schönen alten Fotos digitalisieren, denn er hat jetzt einen …

Flachbettscanner — c

Auch wenn die Glasplatte flach wie ein Brett ist, heißt das Gerät nach dem flachen Einbetten der Dokumente Flachbettscanner.

77
Welcher deutsche Schriftsteller erschuf das »Urmel aus dem Eis«?

Max Kruse — a

»Urmel aus dem Eis« ist eine Schöpfung des deutschen Schriftstellers Max Kruse (1921–2015), Sohn der »Puppenmutter« Käthe Kruse. Aus seiner Feder stammen außerdem »Der Löwe ist los«, »Don Blech und der goldene Junker« sowie »Lord Schmetterhemd«. Alle wurden durch die Verfilmungen der Augsburger Puppenkiste einem großen Publikum bekannt.

78

Woher kommen die Lappen, durch die etwas entwischt, wenn etwas sprichwörtlich »durch die Lappen geht«?

aus der Jagd ——————————————————— d

Die Redewendung stammt aus der Jagd. Um sicherzustellen, dass der Fürst das prächtigste Tier erlegte, wurden vor Treibjagden in einem bestimmten Waldstück Seile gespannt und daran große, bunte Stofflappen (sogenannte Schrecktücher) aufgehängt. Wurde ein Hirsch bis hierher getrieben und scheute er vor den flatternden Tüchern, wurde er zur leichten Beute. Scheute er jedoch nicht und brach stattdessen aus dem Areal aus, so ging er den Jägern buchstäblich »durch die Lappen«.

4

79

Bei vielen Fremdwörtern sind heute zwei Schreibweisen möglich, eine klassische und eine reformierte. Doch bei welchem dieser Paare ist nur eine Schreibweise zulässig?

~~Filosofie~~ / Philosophie — d

Die Schreibweise »Filosofie« ist im Deutschen nicht zulässig, im Unterschied zum Niederländischen, wo sie als korrekt gilt. Die Schreibweisen »Biographie« und »Delphin« gelten seit der Rechtschreibreform als ältere Formen, sind aber neben den neueren Formen mit »f« immer noch zulässig. Selbst »Photographie«, das schon deutlich älter ist, steht immer noch im Duden.

80

Viel gesprochen und geschrieben wurde …

über Goethes letzte Worte — a

Über etwas sprechen oder schreiben steht mit dem Akkusativ, und der Akkusativ von »Worte« lautet »Worte«. Goethes letzte Worte werden im Akkusativ folglich zu »Goethes letzte Worte«. Sie lauteten übrigens: »Mehr Licht!«

QUIZRUNDE 5

81 Wie lautet das Gegenstück zu Orient?

Okzident ——————————————— a

Der Orient kommt vom lateinischen Wort »oriens«, dem Partizip von »oriri«, das »sich erheben« bedeutet, womit der Sonnenaufgang gemeint ist. Auf Deutsch wird der Orient daher auch Morgenland genannt. Das Gegenstück, das Land der untergehenden Sonne, ist der Okzident (von lat. »occidere« = fallen, sinken, untergehen), auch Abendland genannt.

82 Als wäre der Verlust des Gewinns nicht schon schwer genug, sollen Sie diese Misere hier auch noch in einer besonderen Form zum Ausdruck bringen!

Leider bin ich des Gewinns verlustig gegangen. — **c**

Richtig ist's mit dem Genitiv. Es heißt »einer Sache verlustig gehen«, in diesem Fall also »des Gewinns verlustig gehen«.

83 Würden Wölfe in den Duden schauen, dann jagten sie korrekt …

Damhirsche und Rentiere — **a**

Das Damwild hat nichts mit dem Wort »Damm« zu tun, sondern mit »dama«, dem lateinischen Wort für rehartige Tiere. Entsprechend werden Damhirsche nur mit einem »m« geschrieben. Das Rentier verdankt seinen Namen dem schwedischen Wort »ren«, das wiederum mit »Rind« verwandt ist und im Altnordischen ein Sammelbegriff für alle horntragenden Tiere war.

84 Nicht nur für Kommas gibt es Regeln, sondern auch für alle anderen Satzzeichen. Welches Beispiel ist als einziges typografisch korrekt?

Alles Gute zum Geburtstag! — **c**

Vor Ausrufezeichen und Fragezeichen steht nie ein Leerzeichen. Ebenso wenig wie vor einem einfachen Punkt, einem Doppelpunkt, einem Komma oder einem Semikolon.

85 Was bedeutet die Redewendung »Da beißt die Maus keinen Faden ab«?

Daran ist nichts zu ändern. — b

Die Entstehung der Redensart ist nicht sicher geklärt, sie geht aber vermutlich auf eine alte Bauernregel zurück, der zufolge am Tag der heiligen Gertrud (17. März) sämtliche Winterarbeiten einzustellen waren, also auch das Spinnen. Wenn am Gertrudentag noch gesponnen würde, so würde der Flachs von den Mäusen gefressen, sagte man. In alten Bauernkalendern findet man den Gertrudentag daher oft durch zwei Mäuse an einer Spindel dargestellt. So wurde die Maus, die je nach Befolgung der Bauernregel am Gertrudentag den Faden abbeißt oder nicht, zum Inbegriff für die unabänderliche Abfolge der Jahreszeiten – und darüber hinaus für alles, was nicht zu ändern ist.

86 Welcher dieser vier Schriftsteller stammte aus einem anderen Land als die anderen drei?

Johannes Mario Simmel (1924–2009) — c

Johannes Mario Simmel (»Es muss nicht immer Kaviar sein«) war Österreicher. Max Frisch (»Homo Faber«), Friedrich Dürrenmatt (»Der Besuch der alten Dame«) und Johanna Spyri (»Heidi«) waren Schweizer.

87 »Schicke Pelle!«, sprach der Apfel im Schlafrock anerkennend zum Würstchen im ...

Saitling — d

Der Saitling ist der Darm des Schafes, der zur Herstellung von Saiten für Musikinstrumente verwendet wird – und als Haut für zarte Würstchen.
Der Seitling ist eine Pilzgattung aus der Ordnung der Champignonartigen, der Saibling ein Fisch aus der Familie der Lachsfische, der Sämling ein anderes Wort für Keim, Trieb und Spross.

88
Das deutsche Wort für Insekten lautet ...

Kerbtiere ──────────────────────── c

Das lateinische Wort »insecta« bedeutet wörtlich »die Eingeschnittenen«. Dies bezieht sich auf die Einschnürungen, die den Insektenkörper gut erkennbar in drei Teile gliedern. Diese Einschnürungen (Kerben) haben zu dem deutschen Namen »Kerbtiere« geführt. Insekten gehören zusammen mit Spinnentieren, Krebstieren und Tausendfüßlern zu den Gliederfüßern. Hautflügler sind wiederum eine Untergruppe der Insekten, zu denen Wespen, Bienen und Ameisen gehören. Weichtiere (Mollusken) bilden einen ganz anderen Tierstamm. Zu ihnen gehören Schnecken, Muscheln und Kopffüßer wie der Tintenfisch.

89
Eine alte Redewendung, die zur Vorsicht mahnt, lautet ...

Trau, schau, wem! ──────────────────── b

Die lateinischen Worte »Fide, sed cui vide« (= Vertraue, doch schaue, wem), mit denen die Fabel des griechischen Dichters Äsop vom Löwen und der Ziege endet, wurden im Deutschen zu der prägnanten Formel »Trau, schau, wem!«. Sie besagt, dass man sich einen Menschen genau anschauen soll, bevor man ihn ins Vertrauen zieht.

90

Ernst ist pfiffig, aber nicht der Fleißigste. Angesichts seiner schlechten Leistungen rät ihm sein Lehrer, sich zu steigern. »Nichts leichter als das!«, ruft Ernst und schreibt an die Tafel: »Ernst, ernster, ...

todernst — c

Mit dem Adjektiv »tot« werden Verben gebildet: totlachen, totärgern, totschweigen. Mit dem Hauptwort »Tod« hingegen werden Adjektive gebildet: todtraurig, todernst, todkrank, todunglücklich. Großgeschrieben werden sie nur, wenn sie als Hauptwort gebraucht werden (das Totlachen, der Todkranke) oder am Satzanfang stehen.

91

In welchem der folgenden Sätze sind alle Satzzeichen korrekt?

Er erkannte seinen Nachbarn – den er nicht besonders mochte – und grüßte nur mit einem stummen Nicken. — a

Ein Einschub steht für gewöhnlich zwischen Gedankenstrichen. Er kann auch in Klammern stehen. Vor dem »und« ist hier kein Komma geboten, da es zwei gleichberechtigte Teile eines Hauptsatzes verbindet. Als dritte Möglichkeit kann ein Einschub auch zwischen Kommas stehen. Dann wäre das Komma vor »und« berechtigt, da es das Ende des Einschubs markiert, der so übrigens auch als Relativsatz aufgefasst werden kann: »Er erkannte seinen Nachbarn, den er nicht besonders mochte, und grüßte nur mit einem stummen Nicken.«

92 Wo befindet sich die größte zusammenhängende deutsche Sprachinsel außerhalb Europas?

Brasilien — d

Im Süden Brasiliens leben mehr als eine halbe Million deutsche Muttersprachler. Manchen Schätzungen zufolge sind es sogar zwei Millionen. Die meisten von ihnen sprechen das »Riograndenser Hunsrückisch«, einen pfälzischen Dialekt, der seit 2009 an einigen Grundschulen im Bundesstaat Rio Grande do Sul offizielle Unterrichtssprache ist.

93 »Schabracke« ist eine wenig schmeichelhafte Bezeichnung für eine nicht besonders attraktive, nicht mehr ganz junge Frau. Was aber ist die eigentliche Bedeutung des Wortes »Schabracke«?

Pferdedecke — c

Die Schabracke kommt von »çaprak«, dem türkischen Wort für Satteldecke. Mit zum Teil prächtig verzierten Decken wurde oft versucht, über das Alter eines Pferdes beim Verkauf hinwegzutäuschen. Da auch aufwendige Kleider häufig den Zweck erfüllen, gewisse Nachteile zu kaschieren, übertrug sich der Begriff irgendwann vom Pferd auf die Frau. In der Inneneinrichtung versteht man unter einer Schabracke außerdem einen dekorativen Behang zum Verdecken von Gardinenleisten oder Sofafüßen.

94

Wie lautet dieser Satz in korrektem Potenzialis, dem Modus der Möglichkeit, der mit dem Konjunktiv II gebildet wird?

Wenn du mich fragtest, hülfe ich dir und schaffte es sogar schneller als du. — a

Das Verb »fragen« ist regelmäßig, der Konjunktiv II von »du fragst« lautet daher »du fragtest«. Bei der im 19. Jahrhundert noch häufig verwendeten Vergangenheitsform »frug« handelte es sich um eine Modeerscheinung, die im 20. Jahrhundert wieder verschwunden war. Einen Konjunktiv II »ich frügte, du frügtest« hat es daher nie gegeben, ebenso wenig wie »du frägtest«.
»Ich helfe« wird im Konjunktiv II zu »ich hälfe« oder »ich hülfe«. Die Form »hülfe« ist zwar veraltet, gilt aber immer noch, zumal sie sich klanglich besser von »ich helfe« unterscheidet als »ich hälfe«.
»Ich schaffe« wird nur dann zu »ich schüfe«, wenn »schaffen« die Bedeutung »erschaffen, erzeugen« hat. Wenn es aber »leisten, erreichen« bedeutet, wird es regelmäßig gebildet und im Konjunktiv II zu »ich schaffte«.

95

Was ist ein Epigone?

ein Nachahmer — b

Ein Epigone, von griechisch *επίγονος* (epígonos = Nachgeborener), ist ein Nachahmer, zum Beispiel ein Autor, der den Erfolg eines Kollegen zu kopieren versucht, indem er ein Buch mit einer ähnlichen Thematik schreibt.

96
Welcher dieser Walt-Disney-Filme basiert auf einer deutschsprachigen Vorlage?

Bambi (1942) — c

Die Romanvorlage zum Disney-Film »Bambi« stammt vom Österreicher Felix Salten. Sie erschien 1923 unter dem Titel »Bambi. Eine Lebensgeschichte aus dem Walde«. In Disneys Adaption wurde aus dem Reh ein Weißwedelhirsch, da es in Amerika keine Rehe gibt. Darum trägt Bambis Vater im Film ein Geweih, was viele Deutsche glauben ließ, Rehe und Hirsche gehörten zur selben Art.
Die Vorlage zum Film »Alice im Wunderland« ist ein Kinderbuch des englischen Schriftstellers Lewis Carroll aus dem Jahre 1865. »Peter Pan« geht auf das Buch des schottischen Schriftstellers J. M. Barrie zurück, das 1904 erschien. »Die vielen Abenteuer von Winnie Puuh« basieren auf den Geschichten des englischen Schriftstellers Alan Alexander Milne aus den Jahren 1926 und 1928.

97
Bei welchem dieser Paare ist nur eine Schreibweise zulässig?

einwenden / ~~einwänden~~ — c

In vielen Fällen sind seit der Rechtschreibreform zwei Schreibweisen möglich. Im Falle von »einwenden« jedoch nicht, auch wenn der davon abgeleitete »Einwand« mit »a« geschrieben wird.

98 Wo findet man Döbel, Äschen, Rotfedern und Finten?

im Fluss — b

Döbel, Äschen, Rotfedern und Finten sind Süßwasserfische, die wie ihre bekannteren Verwandten Forelle, Zander und Aal in unseren Flüssen beheimatet sind.

99 Welche Aussage ist als einzige grammatisch korrekt?

Alles zu seiner Zeit. — c

Nur »Alles zu seiner Zeit« ist richtig. Die anderen Aussagen lauten korrekt: Eine Leistung, die *ihresgleichen* sucht. Jede Zeit hat *ihre* Moden. Qualität hat *ihren* Preis.

100 Welche Schranken führten vor langer Zeit zur Entstehung der Redensart »jemanden in die Schranken weisen«?

die Holzschranken, die das auf dem Versammlungs- — b
platz tagende Gericht gegen die Menge abschirmten

Gerichtsverhandlungen fanden früher oft unter freiem Himmel auf öffentlichen Plätzen statt. Wer sich nicht zu benehmen wusste, musste »in die Schranken gewiesen«, das heißt auf seinen Platz hinter die Absperrung zurückgeschickt werden. Auch wenn Gerichtsverhandlungen schon lange nicht mehr auf Versammlungsplätzen im Freien abgehalten werden, hat sich die Redewendung in der Bedeutung »jemanden zurechtweisen« bis heute gehalten.

Die ähnlichen Redewendungen »jemanden in die Schranken fordern« (= jemanden zum Kampf herausfordern) und »für jemanden in die Schranken treten« (= jemanden im Kampf vertreten, einen Schwächeren verteidigen) gehen hingegen auf die Turnierschranken des mittelalterlichen Ritterwettkampfs zurück.

QUIZRUNDE 6

101 Zum Jahreswechsel wünscht man einander in korrekter Schreibung …

ein frohes neues Jahr — c

Anders als bei der »Frohen Botschaft« oder dem »Neuen Testament« sind »froh« und »neu« hier nicht Teile eines Namens oder eines feststehenden Begriffs, sondern einfache Eigenschaftswörter (Adjektive) und werden daher kleingeschrieben. Sie durch ein Komma zu trennen wäre unsinnig, denn das hieße, dass das Jahr einerseits froh und andererseits neu sein möge. Man wünscht aber, dass das neue Jahr froh sein möge. »Frohes« und »neues« bilden demnach keine Aufzählung; vielmehr wird das »neue Jahr« durch den Zusatz »froh« bestimmt.

102

Der Braten kennt die Röhre, der Hase liebt die Möhre. Doch was ist eine Föhre?

ein Nadelbaum — b

»Föhre« ist ein älteres Wort für die Kiefer. Das Wort »Kiefer« ist vermutlich durch Zusammenziehung aus dem althochdeutschen »kienforha« (Kienföhre) entstanden, wobei »kien« mit dem Wort »Keil« verwandt ist, die Kienföhre also eine Föhre ist, die sich gut spalten und verarbeiten lässt.
Eine Sedimentschicht im Gestein ist ein Flöz; die Felseninseln vor der Küste Skandinaviens werden Schären genannt, und eine junge Kuh ist eine Färse.

103

Wenn Sie Vegetarier sind, wird Ihnen diese Frage vermutlich nicht schmecken. Die Antwort kennen Sie vielleicht trotzdem: Ein junges Masthuhn nennt man ...

Poularde — c

Das weibliche Wort »Poularde« kommt aus dem Französischen und ist eine Ableitung von »la poule« (= die Henne / das Huhn). Die Endung »-arde« markiert die Verkleinerung, entsprechend unserem »-chen« oder »-lein«.

104

Als Metall auf Metall traf, sind die Funken nur so gestoben! Wie lautet der Infinitiv?

stieben — d

Das Verb heißt »stieben« und wird in Präteritum und Perfekt zu »stob« und »gestoben«. Es ist ein schönes Reimwort auf »lieben«. So sang Zarah Leander in dem Lied »Ich steh im Regen« (1937): »Immer warten nur die Menschen, die wirklich lieben. Kommst du noch nicht? Wie die fallenden Tropfen am Ärmel zerstieben ...«

105 Vollenden Sie die Redewendung: Wenn es dem Esel zu wohl ist, ...

geht er aufs Eis. — b

Das Sprichwort »Wenn es dem Esel zu wohl ist, geht er aufs Eis (tanzen)« besagt, dass derjenige, dem es zu gut geht, leichtsinnig wird und unnötige Risiken eingeht.

106 In welchem Satz stimmen die Zeichen?

Dass es Fisch gibt, heißt nicht, dass heute Freitag ist. — **d**

Dass-Sätze werden immer mit Komma abgetrennt, egal ob sie Subjekt- oder Objektsätze sind und ob sie den Anfang oder den Schluss des Ganzen bilden. Hier haben wir zwei dass-Sätze, darum auch zwei Kommas.

107 Welches dieser Wörter hat andere grammatische Eigenschaften als die anderen?

die Träne — **a**

Die Träne ist ein weibliches Wort in der Einzahl, alle anderen sind männliche Wörter und stehen in der Mehrzahl.

108 Wenn etwas endet wie das sprichwörtliche »Hornberger Schießen«, wie endet es dann?

ohne ein Ergebnis — **c**

Wenn etwas »ausgeht wie das Hornberger Schießen«, dann endet es ergebnislos. Der Legende nach verschossen die Hornberger in Erwartung des Besuchs ihres Herzogs alles Pulver lange vor seiner Ankunft, da der Ausguck drei Mal falschen Alarm gegeben hatte. Als der Herzog tatsächlich eintraf, blieben die Hornberger Kanonen stumm, weil es kein Pulver für Salutschüsse mehr gab.

109

Ein malerisches Hin und Her am Rhein und an der Seine ist ...

die Flussauf- und -abwärtsfahrt der Kähne. — c

In diesem malerischen Hin und Her sind zwei Ergänzungsstriche angebracht: Der eine ersetzt hinter »Flussauf« die »wärtsfahrt«, der zweite ersetzt den »Fluss« vor der »abwärtsfahrt«.

110

Das Wort »Kartoffel« geht zurück auf das italienische Wort für ...

Trüffel — b

Das Wort »Kartoffel« wurde vom italienischen Wort »tartufolo« abgeleitet, das »Trüffel« bedeutet. Es kommt vom lateinischen »terrae tuber« (= »Erdknolle«). Offenbar hielt man die Kartoffel

zunächst für eine Trüffelart, zumal sie dem Trüffel ähnelt und beides Erdgewächse sind. In Italien hat sich später der aus der Karibik stammende Name »patata« durchgesetzt. Im deutschsprachigen Raum wurde die Kartoffel vielerorts »Erdapfel« oder »Grundbirne« genannt. In einigen Gegenden hat sich auch die Form »Tartuffel« gehalten.

Weitere regionale Bezeichnungen für die Kartoffel finden Sie in der Geschichte »Ein Hoch dem Erdapfel« in »Der Dativ ist dem Genitiv sein Tod – Folge 3«.

111

Erst als er vor dem Ruin stand, merkte Herr Tüchtig, dass ihn sein Geschäftspartner nach Strich und Faden betrogen hatte. Woher stammt die Wendung »nach Strich und Faden«?

aus dem Weberhandwerk — d 6

Der Webermeister musste die Arbeit seiner Gesellen »nach Strich und Faden« prüfen, um ihre Qualität beurteilen zu können. Mit dem »Strich« war die Webart gemeint, mit dem »Faden« das verwendete Material. Eine Prüfung »nach Strich und Faden« war eine sehr genaue, gründliche Prüfung.

112 Welches dieser Wörter passt nicht zu den anderen?

zumindestens ———————————————————— d

Das Wort »zumindestens« gibt es nicht, zumindest steht es in keinem Wörterbuch. Es handelt sich dabei um eine sogenannte Kontamination (Vermengung) der Wörter »mindestens« und »zumindest«. »Wenigstens«, »jedenfalls« und »immerhin« sind Synonyme für »zumindest«.

113 Komm mit Kuchen! Komm mit Tee! Denn heute tagt das ...

Komitee ———————————————————— a

Das Komitee (zu Deutsch: der Ausschuss) kommt aus dem Französischen (»le comité«) und schreibt sich auch im Deutschen nur mit einem »m« und einem »t«, dafür aber mit Doppel-»e«. Und am Anfang selbstverständlich mit einem großen »K«.
Ganz anders hingegen sieht das Wort im Englischen aus; dort nämlich wird es mit zwei »m«, zwei »t« und zwei »e« geschrieben: »committee«.

114

In Gruppen zu mehreren können Punkte zu einem ausgelassenen Treiben führen. Doch auch hierbei gelten Regeln. Wie sitzen die Auslassungspunkte richtig?

Er wartete … und wartete … und wartete. — a

Für Auslassungspunkte gilt: Sie treten immer zu dritt auf (nicht mehr und nicht weniger) und werden aufeinanderfolgend, also ohne Abstände, gesetzt. Sie werden nur dann direkt an ein Wort gefügt, wenn sie einen Teil dieses Wortes ersetzen (z. B. das »stloch« in »Was für ein A…!«). Wenn sie ein ganzes Wort ersetzen (»Wenn ich bitte mal ausreden …«) oder eine Pause markieren (»Er wartete … und wartete«), stehen sie hinter einem Leerzeichen.

115

Ein »Schabernack« ist ein übermütiger Streich. Bei den alten Germanen war es noch etwas anderes. Nämlich was?

eine Bestrafung — b

Bei den Germanen war es üblich, eine Missetat mit dem Abschneiden des wallenden Haupthaars zu bestrafen. Ein geschabter (d. h. geschorener) Nacken stand also für eine Bestrafung. In späterer Zeit fand eine Verschiebung der Bedeutung von der Strafe zur Missetat statt und der »geschabte Nacken«, der Schabernack, wurde zum Streich.

116

Die Müllers gingen zu sich nach Hause. Wir folgten ihnen dabei. Wohin also folgten wir den Müllers?

Wir folgten den Müllers zu ihnen nach Hause. — b

Das Reflexivpronomen »sich« kann sich immer nur auf das Subjekt beziehen. Es wäre korrekt, wenn die Müllers das Subjekt wären, so wie in dem Satz »Die Müllers gingen zu sich nach Hause«. Doch in den beiden möglichen Antworten sind nicht die Müllers das Subjekt, sondern »wir«. Und »wir« können nicht »zu sich« gehen, sondern allenfalls »zu ihnen«.

117

Aus welcher Sprache stammen die Wörter »Alkohol«, »Admiral«, »Matratze« und »Magazin«?

aus dem Arabischen — c

Zwar sind alle diese Wörter letztlich über das Französische oder Italienische ins Deutsche gelangt, doch ihr Ursprung liegt im Arabischen. »Alkohol« kommt vom arabischen *al-kuḥl*, einem schwarzen Pulver zum Färben der Augenbrauen und Wimpern. Die Bedeutung »feines Pulver« wurde zu »Extrakt« erweitert und schließlich zum »Geist des Weines«. »Matratze« kommt vom arabischen *maṭraḥ*, das »Kissen oder Teppich, auf dem man schläft«, bedeutet. Der »Admiral« geht auf das arabische *amīr* (= Befehlshaber) zurück, aus dem auch der »Emir« entstanden ist. Das Wort »Magazin« kommt vom arabischen *maḫāzin*, das »Lager«, »Sammelstelle« bedeutet.

118

In unserer Bücherei ist einiges durcheinandergeraten! Nur ein Werk steht noch hinter dem Namen des richtigen Verfassers. Nämlich welches?

Gotthold Ephraim Lessing: »Nathan der Weise« ——— d

»Nathan der Weise« (1779) ist von Gotthold Ephraim Lessing und gilt als bedeutendes Werk des Humanismus und der Aufklärung. Goethe schrieb »Götz von Berlichingen« (1773), das als Hauptwerk des Sturm und Drang gilt und Friedrich Schiller zu seinem Stück »Die Räuber« (1781) anregte.
»Der zerbrochne Krug« wurde von Heinrich von Kleist geschrieben und gehört genau wie die drei anderen Stücke zum Kanon der deutschen Literatur, auch wenn es bei seiner Uraufführung im Weimarer Hoftheater 1808 ausgepfiffen wurde.

119

Wie viele Fehler aus den Bereichen Rechtschreibung, Grammatik und Zeichensetzung enthält dieser Hinweis (ohne die selbstgewählte Schreibweise der DB-Station-&-Service-AG)?

fünf ——— b

1. Das Anredepronomen »Sie« wird immer großgeschrieben.
2. Es fehlt ein Komma zur Einleitung des dass-Satzes.
3. Die Konjunktion »dass« wird mit Doppel-»s« geschrieben.
4. Die Präposition »ab« regiert den Dativ, es heißt daher »ab dem«, nicht »ab den«.

5. Das Komma vor »kein« ist sinnentstellend.
Korrekt lautete der Hinweis folgendermaßen:
Verehrte Reisende, bitte beachten Sie, dass ab dem 15. 06. 2014 auf dieser Verkehrsstation kein Zug mehr hält.

120

Gesucht wird ein anderes Wort für »Benehmen« und »Verhalten«. Wie heißt es?

das Gebaren — b

Das Gebaren ist ein substantivierter Infinitiv des veralteten Verbs »gebaren«, das »sich betragen«, »sich verhalten« bedeutet und weitestgehend vom ähnlich klingenden Verb »sich gebärden« verdrängt wurde.

QUIZRUNDE 7

121 Moby Dick war ein riesiger Pottwal von fast 25 Metern Länge, also ein ...

25 Meter langer Wal — a

Zwar gibt es meterlange Wale und sogar den ein oder anderen 25-Meter-Wal, doch die Kombination aus 25 Metern und »lang« wird nicht zusammengeschrieben. Moby Dick war also ein 25 Meter langer Wal.

122 Welche dieser südeuropäischen Städte wird im Italienischen genauso genannt wie im Deutschen?

Nizza — c

Mailand heißt auf Italienisch *Milano*, Neapel *Napoli* und Genua *Genova*. Die Stadt Nizza – in der Antike noch Nikaia (benannt nach der griechischen Siegesgöttin Nike) – hat im Deutschen ihren italienischen Namen behalten, da sie erst in der zweiten Hälfte des 19. Jahrhunderts endgültig zu Frankreich gehörte. Der französische Name Nizzas ist »Nice«.

123

Summ, summ, meine kleine Biene, summ herum, flieg zur Blume, flieg ins Licht, doch bitte, liebe Biene, ...

stich mich nicht! — b

Das Verb »stechen« ist unregelmäßig (sie sticht, sie stach, sie hat gestochen). Die Befehlsform im Singular lautet »stich« – im Plural »stecht«. Ein Apostroph ist bei Befehlsformen grundsätzlich überflüssig, selbst bei regelmäßigen Formen, bei denen ein »e« weggefallen ist wie bei »Geh weg!« oder »Sag doch was!«.

124

Wo endet ein Satz regulär nie mit einem Punkt?

in Überschriften — d

Überschriften enden nie mit einem Punkt:
»Regierung setzt auf Friedensverhandlungen«
»Mehrheit der Deutschen lehnt Belttunnel ab«
Ausrufezeichen und Fragezeichen sind hingegen möglich.

125

Haben Sie ein Einsehen! Aber nicht auf unserer Terrasse, die ist nämlich ...

uneinsehbar — c

Wenn bei einem Menschen die Erkenntnis ausbleibt, gilt er als »uneinsichtig«. Was sich nicht einsehen lässt, ist »uneinsehbar«. Das können sowohl Begründungen und Urteile als auch Verstecke sein. Um Missverständnisse zu vermeiden, empfiehlt sich für die Anpreisung einer von Hecken umsäumten Terrasse das praktische Wort »blickgeschützt«.

126

Was ruft man scherzhaft, wenn jemand an die Tür klopft und man nicht weiß, wer hereinkommen wird?

Herein, wenn's kein Schneider ist! — b

Die Sitzungen der Schneidergesellen waren stets geheim, Unbefugte hatten keinen Zutritt. Forderte jemand Einlass, erklang von innen der Ruf: »Herein, wenn's ein Schneider ist.« Diese Formulierung wurde im Bürgertum scherzhaft verdreht zu »Herein, wenn's kein Schneider ist«. Denn zu vielen Bürgersleuten kam der Schneider nicht nur zur Anprobe ins Haus, sondern auch, um seine Bezahlung einzutreiben, was die Entstehung der Redensart begünstigt haben mag. Ebenso die Geschichte vom Daumenlutscher aus Heinrich Hoffmanns »Struwwelpeter«.

127

Welches ist (oder war einmal) der deutsche Name für New York?

Neuyork — b

Das neue York in der Neuen Welt wurde im Deutschen zu »Neuyork«. Diese Schreibweise war noch bis zur Mitte des 20. Jahrhunderts üblich.

> Neuvermählte
> neuwaschen; neuwasch[e]-
> nes Hemd
> **Neu-Wien** *R 14*
> **neuwienerisch** *R 14*
> **Neu|york** (*dt. Schreibung* von:
> New York)
> **Neuzeit,** die; –
> **neuzeitlich**

(Abb.: Duden 1951)

128

Was haben ein weißes Pferd und ein Fäulnispilz gemeinsam? Oder auch ein Geldinstitut und eine Sitzgelegenheit im Park?

Sie sind Homonyme (= Gleichklinger). — a

Schimmel (Pferd) und Schimmel (Pilz) sind sogenannte Homonyme, gleich klingende und gleich aussehende Wörter mit unterschiedlicher Bedeutung. Sie werden im Volksmund auch »Teekesselchen« genannt. Auch Bank (Geldinstitut) und Bank (Sitzgelegenheit) sind Homonyme.

129 Was bedeutet die Redensart »jemanden ins Bockshorn jagen«?

jemanden verunsichern, auf eine falsche Fährte locken — C

Die Entstehung der Redensart ist ungewiss, auch wenn es viele Theorien darüber gibt, was mit dem Bockshorn gemeint sein könnte. Recht schlüssig erscheint die Erklärung, es gehe auf eine Bestrafung zurück (ein sogenanntes Rügegericht), bei der der Übeltäter in ein Ziegenfell gesteckt und umhergetrieben wurde. Das althochdeutsche »bockes hamo«, das »Hemd des Bocks« (also das Ziegenfell), könnte zu »Bockshorn« geworden sein. Die Bedeutung der Redensart ist hingegen seit Jahrhunderten unverändert geblieben: jemanden einschüchtern, verunsichern oder auf eine falsche Fährte locken.

130

Mit welchen Wörtern sind die beiden Lücken zu füllen, damit ein sinnvoller Satz entsteht?

> *Wenn ihr es schaffen wollt, müsst ihr ohne Pause **weiterfahren**, und ihr müsst **weiter fahren** als alle anderen vor euch!*

weiterfahren ... weiter fahren — d

In die erste Lücke kommt das zusammengeschriebene »weiterfahren«, in dem »weiter« die Bedeutung »voran«, »weiterhin« hat. In die zweite Lücke gehört »weiter fahren«, das in zwei Wörtern geschrieben wird, da es sich um eine Steigerung von »weit fahren« handelt.

131

Was bedeutet das Wort »Fährnis«?

Gefahr, Risiko — b

»Fährnis« ist ein poetischer Ausdruck für Gefahr, der gelegentlich auch heute noch Verwendung findet. So trägt eine Erzählung der deutsch-amerikanischen Autorin Irene Dische aus dem Jahr 2004 den Titel »Die Fährnisse der Schönheit«.

132

Zwei Gedankenstriche und ein Punkt sind schon vorgegeben. Wie viele Zeichen fehlen noch in diesem Satz?

> *Dass ausgerechnet er, der unstete Abenteurer, den Vater mit einer solchen Nachricht überraschen würde – und das auch noch an seinem Geburtstag –, hätte niemand für möglich gehalten.*

drei

Es fehlten drei Kommas: je eines vor und hinter dem Einschub (»der unstete Abenteurer«) und ein weiteres zwischen Objektsatz und Hauptsatz.

133 Woher stammt der erste Teil des Wortes »Dudelsack«?

vom türkischen Wort »düdük« — c

Wie viele andere Instrumente auch stammt der Dudelsack aus dem Orient. Das türkische Wort »düdük« bedeutet »Flöte«. Über das Tschechische (»dudy«) gelangte es ins Deutsche. Das Verb »dudeln« ist eine Rückbildung aus dem Dudelsack. Ohne türkisches »düdük« gäbe es im Deutschen heute kein Gedudel und keine Dudelei. Folglich hat der Dudelsack nichts mit dem englischen Wort »doodle« zu tun, das »Kritzelei« bedeutet. Auf Englisch heißt der Dudelsack »bagpipe«, wörtlich übersetzt »Sackpfeife«. Das polnische Wort »dudek« bedeutet einerseits Wiedehopf, andererseits Dummkopf und ist außerdem ein weitverbreiteter Familienname.

134 Fehlerhaft bedruckte Papierbogen nennt man …

Makulatur — a

»Makulatur« wurde Anfang des 16. Jahrhunderts aus mittellateinisch »maculatura« entlehnt, das »beflecktes/schadhaftes Stück« bedeutet. Damit verwandt ist auch das Wort »Makel«. In der Papierindustrie hat »Makulatur« die Bedeutung »schadhafter Bogen«, »Fehldruck«. Darüber hinaus bedeutet es »hinfällig gewordene Überlegung«, »Unsinn«.

135

Käfer krabbeln, Elefanten trampeln, Hennen rennen, Robben robben – und wie läuft der Fuchs? Der Fuchs ...

schnürt — c

Die Gangart des Fuchses wird »schnüren« genannt, da er beim Laufen die einzelnen Tritte so hintereinandersetzt, dass sie eine schnurförmige Spur ergeben.

136. Jeder kennt den Disney-Klassiker »101 Dalmatiner« – wie heißt der Titel ausgeschrieben in korrektem Deutsch?

Hundertundein Dalmatiner — b

Die deutsche Übersetzung des Romans »The Hundred and One Dalmatians« von Dodie Smith erschien 1958 unter dem Titel »Hundertundein Dalmatiner«. Eins, hunderteins, tausendeins sind Zahlwörter, aber keine Mengenwörter. Darum kann es nur »Hundertundein Dalmatiner« heißen. »Hunderteins Dalmatiner« wäre genauso falsch wie »eins Dalmatiner«. Das »und« kann man übrigens auch weglassen: Hundertein Dalmatiner wäre ebenfalls korrekt.

Ein ähnlicher Fall sind die berühmten »Märchen aus Tausendundeiner Nacht«, die sich zwar gleichfalls mit Ziffer schreiben lassen (»Märchen aus 1001 Nacht«), aber keine »Märchen aus Tausendundeins Nacht« sind.

137

Wiederum sind widrige Umstände schuld daran, dass nur eines der folgenden vier Wörter richtig geschrieben ist. Welches?

Wiedergruß — d

Immer wenn »wieder« die Bedeutung »zurück« oder »erneut« hat, wird es mit »ie« geschrieben: Wiedergabe, Wiederkehr, Wiedersehen. Wenn es die Bedeutung »gegen« hat, wird es nur mit »i« geschrieben: Widerstand, Widerwort, Widerspruch, Widerspiegelung. Das Zurückgrüßen ist der »Wiedergruß« mit »ie«. Interessanterweise sind sich auch im Englischen die Wörter »wieder« (»again«) und »wider« (»against«) sehr ähnlich.

138

Nur eines dieser Werke aus dem Kanon der deutschsprachigen Nachkriegsliteratur ist dem richtigen Verfasser zugeordnet. Nämlich welches?

Max Frisch: »Homo Faber« — b

»Homo Faber« (1957) stammt von Max Frisch, »Die Blechtrommel« (1959) von Günter Grass, »Ansichten eines Clowns« (1963) von Heinrich Böll und »Deutschstunde« (1968) von Siegfried Lenz.

139

Wer sprichwörtlich Schwein gehabt hat, der strahlt wie ein Honigkuchenpferd und freut sich wie ein Schneekönig. Was aber ist ein Schneekönig?

ein Vogel — d

Der Schneekönig ist eine andere Bezeichnung für den Zaunkönig, einen der kleinsten heimischen Singvögel, der auch im strengsten Winter nicht davonfliegt, sondern der Kälte trotzt und unbeirrt singt und hüpft, als würde er sich des Lebens freuen. Man nennt ihn außerdem Winterkönig, Dorn-, Nessel-, Meisen- oder Schlupfkönig.

140

Ob Sie es glauben oder nicht: Die weiblichen Bewohner des Planeten 'N-Zrr haben drei Brüste. So weit, so schön. Aber jetzt die Frage: Wie viel ist das in Busen umgerechnet?

zwei Busen — c

Das Wort »Busen« wird zwar oft gleichbedeutend mit der weiblichen Brust gebraucht, bezeichnet aber in Wahrheit das Tal zwischen den Brüsten. Es handelt sich um einen Euphemismus, ein Hüllwort, das die eigentliche Sache, nämlich die Brüste, schamhaft umschreibt.
»Busen« bedeutet »Vertiefung«, daher sind auch der Finnische Meerbusen und der Jadebusen keine Erhebungen, sondern Vertiefungen. Bei drei nebeneinanderliegenden Brüsten sieht man zwei Vertiefungen, folglich ergeben drei Brüste zwei Busen.

QUIZRUNDE 8

141
»Ich brauche mich nicht vorzubereiten«, beruhigte Direktor Stutzig seine Frau. »Ich halte den Vortrag aus dem …!«

Stegreif — b

»Stegreif« (Trennung: Steg-reif) ist ein altes Wort für »Steigbügel«. Der Ausdruck bedeutete früher also »ohne vom Pferd abzusteigen«, heute hat er die Bedeutung »unvorbereitet« oder »improvisiert«.

142
Was verbirgt sich hinter dem Wort »Indik«?

ein Kurzwort für Indischer Ozean — c

Der Indik ist der Indische Ozean. Das Wort wurde aus dem lateinischen »oceanus indicus« gebildet, in Analogie zu Atlantik und Pazifik.

143 Eine stark veraltete Technik oder Methode nennt man ...

rückständig — c

Der »Umstand« wird zwar zu »umständlich« und der Mittelstand zu »mittelständisch«, doch der »Rückstand« wird zu »rückständig«.

144 Wie heißt das Sprichwort vom Berg und vom Propheten richtig?

Wenn der Berg nicht zum Propheten kommt, muss der Prophet zum Berg gehen. — d

Das Sprichwort bedeutet, man soll nicht darauf warten, dass andere etwas für einen tun, sondern selbst tätig werden. Es entstand durch Übersetzung der englischen Worte »If the mountain will not come to Mohammed, Mohammed will go to the mountain« aus dem Essay »Of Boldness« (1625) des englischen Philosophen und Politikers Francis Bacon (1561–1626), bei denen es sich wiederum um eine Abwandlung eines türkischen Sprichworts handelt, das sinngemäß lautet: »Berg wandle, Berg wandle; wenn der Berg nicht wandelt, wandle du, Heiliger!«

145

Keine Angst, das schaffen Sie! Welche dieser Phobien steht für die Angst vor Menschengedränge und dem Überqueren weiter Plätze?

Agoraphobie — a

Agoraphobie, von griechisch *ἀγορά* (agorá = Marktplatz) und *φόβος* (phóbos = Furcht), ist die Angst vor Menschengedränge und dem Überqueren weiter Plätze, kurz: Platzangst. Platzangst wird oft fälschlich mit Klaustrophobie gleichgesetzt, der Angst vor engen Räumen (fachsprachlich auch »Raumangst« genannt). Arachnophobie ist die Angst vor Spinnen, Pyrophobie die Angst vor Feuer.

146

Welche Schlussformel setzt die richtigen Zeichen?

Mit freundlichen Grüßen — d
Sabrina Mayer

Abschiedsgruß und Name werden nicht durch Komma oder Doppelpunkt getrennt, denn sie gehören zusammen. Es handelt sich um eine Verkürzung der längeren Formel »Mit freundlichen Grüßen verbleibe ich Ihr …« oder »Freundliche Grüße sendet Ihnen Ihre …«. Hinter dem Namen stehen weder Punkt noch Ausrufezeichen; die Schlussformel endet ohne Satzzeichen.

147

Solange es Urlaub gibt, so lange ist er viel zu schnell vorbei. Urlaub gab es schon im Mittelalter. Woher stammt das Wort?

vom Wort »erlauben« ———————————— d

Das Wort »Urlaub« (mittelhochdeutsch »urloup«) entstand aus einer früheren Form des Verbs »erlauben« und bedeutete in der höfischen Sprache des Mittelalters »Erlaubnis (zu gehen)«.

148 Ein Lebewesen, das in der Lage ist, sich zu wehren und zu verteidigen, ist ...

wehrhaft — b

Ein Wesen, das in der Lage ist, sich zu verteidigen, ist wehrhaft. Das können auch Tiere oder Pflanzen sein. Wer »wehrfähig« oder »wehrbar« ist, gilt als geeignet, Kriegsdienst zu leisten. (Die beiden sind gleichbedeutend, »wehrbar« ist jedoch veraltet.) »Wehrsam« ist ein regional gebräuchlicher Ausdruck für sättigend, mächtig.

149 Woher kommt das Wort »Turteltaube«?

vom lateinischen »turtur«, das eine Lautnachahmung des Gurrens der Tauben ist — b

Der lateinische Name der Turteltaube lautet »Streptopelia turtur« und geht auf Lautnachahmung zurück. Der Ruf der Taube klingt in etwa wie »turr, turr«.

Der englische Name »turtle dove« und der französische »tourterelle des bois« sind genau wie der deutsche Name »Turteltaube« aus dem lateinischen »turtur« gebildet worden. Das Verb »turteln« mit der Bedeutung »balzen«, »zärteln«, »poussieren« wurde nach dem Namen der Taube gebildet, nicht umgekehrt.

150 Worauf geht die Zauberformel »Hokuspokus« zurück?

auf das Abendmahl — b

Hokuspokus geht auf das Abendmahl zurück, das mit den lateinischen Worten »Hoc est enim corpus meum« (= Dies nämlich ist mein Leib) eingeleitet wird. Der Volksmund machte daraus »Hokuspokus«. Da die Abendmahlsworte nach katholischer Lehre einer Verwandlung (Wein zu Blut Christi) vorausgehen, wurde »Hokuspokus« zum Inbegriff für Verwandlungszauber.
Die Anfangsworte der Koransuren, »*bismi 'llāhi 'r-raḥmāni 'r-raḥīmi*« (= Im Namen des barmherzigen und gnädigen Gottes), wurden im Volksmund zu »Simsalabim«.

151 Viele Konditoreien bieten außer Kaffee und Kuchen im Haus auch einen …

Außer-Haus-Verkauf — c

Der Verkauf außer Haus wird als Zusammensetzung zum Außer-Haus-Verkauf. Da diese Zusammensetzung nicht übermäßig lang ist, kann man auf die Bindestriche sogar verzichten und alles in einem Wort schreiben: Außerhausverkauf.

152

Wer mit dem Flugzeug mehrere Zeitzonen durchreist, der kann dabei ganz schön durcheinandergeraten. Die Störung des biologischen Rhythmus nennt man ...

Jetlag — a

»Jet« ist die Kurzform von »jet plane«, englisch für »Düsenflugzeug«. Der zweite Wortbestandteil leitet sich vom Verb »to lag« ab, das »dahinkriechen«, »hinterherhinken« bedeutet.

153

Wie viele Kommas gehören in diesen Satz?

drei — d

> Ich freue mich, dass es Ihnen trotz des schlechten Wetters bei uns gefallen hat, und bitte Sie, Ihrer Frau meine herzlichsten Grüße auszurichten.

Der Hauptsatz lautet: »Ich freue mich und bitte Sie.« Darin ist ein Nebensatz eingeschoben, der vorn und hinten je durch ein Komma begrenzt wird. Die Bitte besteht aus einem erweiterten Infinitiv mit »zu«, der ebenfalls mit einem Komma abgetrennt wird. Somit benötigt der Satz insgesamt drei Kommas.

154

Es gibt 87 deutsche Flüsse mit einer Länge von mehr als 100 Kilometern; davon sind 79 weiblich und lediglich acht männlich. Der längste und bekannteste ist der Rhein. In welchem der folgenden Paare hat sich ein weiblicher Flussname versteckt?

Kyll / ~~Lech~~ — b

Die Kyll (ausgesprochen *Kill*) ist ein Nebenfluss der Mosel. Sie entspringt in Belgien und fließt durch Nordrhein-Westfalen und Rheinland-Pfalz, um sich nach einem vielfach gewundenen Lauf von insgesamt 128 Kilometern bei Trier mit der Mosel zu vereinigen. Der Name geht auf das keltische Wort »gilum« zurück, das »Bach« bedeutet.

155

Eine Stampede ist eine in wilder Flucht begriffene Tierhorde. Ihre Gewalt ist nicht zu unterschätzen. Eine Elefantenstampede kann ganze Bäume zum Umstürzen bringen. Woher stammt das Wort »Stampede«?

vom englischen Wort »stampede« — a

Die Stampede kommt vom englischen »stampede«, das wiederum auf »stamp« (engl. für »stampfen«, »stanzen«) zurückgeht. Das Wort wird daher auch im Deutschen gelegentlich noch mit englischem Klang ausgesprochen, das heißt vorne mit »ä« und hinten mit langem »ie« [stæmpi:d]. Meistens aber wird es so gesprochen, wie man es schreibt.

Das französische Wort für Stampede lautet »débandade« oder »fuite«; »la stampède« existiert im Französischen nicht. Das italienische »stampa estera« bedeutet »Auslandspresse«, das lateinische »stante pede« bedeutet »stehenden Fußes«, »sofort«.

156 Welches dieser Märchen ist nicht deutschen Ursprungs?

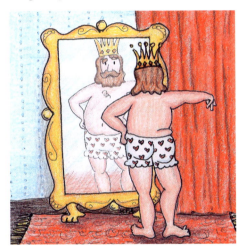

Des Kaisers neue Kleider ——————————————— c

»Des Kaisers neue Kleider« stammt aus der Feder des dänischen Dichters Hans Christian Andersen und erschien zunächst auf Dänisch unter dem Titel »Keiserens nye Klæder«.
»Zwerg Nase« ist eine Schöpfung des schwäbischen Märchendichters Wilhelm Hauff, und hinter den anderen Antworten verbergen sich Märchen der Brüder Grimm.

157 Welche Zusammenschreibung ist unzulässig?

~~nichtmal~~ — c

Seit der Rechtschreibreform dürfen »erstmal« (kurz für »erst einmal«) und »nochmal« (kurz für »noch einmal«) zusammengeschrieben werden. Bei »keinmal« galt auch schon vor der Rechtschreibreform Zusammenschreibung, es sei denn, mit »Mal« ist »Zeichen« gemeint, wie in dem Satz »Sophie hat ein Muttermal, ihre Zwillingsschwester aber hat kein Mal«.
»Nicht mal« wird nach wie vor in zwei Wörtern geschrieben, genau wie »gern mal«, »schon mal«, »nur mal« und »wieder mal«.

158 Der Lago Maggiore ist der zweitgrößte See Italiens, auch wenn ein Teil von ihm zur Schweiz gehört. Wie lautet sein deutscher Name?

Langensee — d

Der deutsche Name des Lago Maggiore lautet Langensee. Wenn Sie Schweizer sind, dann haben Sie das natürlich sofort gewusst.

159 Woher stammt der »Otto Normalverbraucher«?

aus dem deutschen Spielfilm »Berliner Ballade« von 1948 — d

Die Figur des Otto Normalverbraucher stammt aus dem Film »Berliner Ballade«. Gert Fröbe verkörpert darin einen Kriegsheimkehrer, der sich nur mühsam im Berlin der Nachkriegszeit zurechtfindet. Drehbuchautor und somit Erfinder des Otto Normalverbraucher war der Berliner Kabarettist Günter Neumann (1913–1972).

160 Wie werden »alle schönen neuen Dinge« hinter »trotz« korrekt gebeugt?

trotz aller schönen neuen Dinge — b

Das Mengenwort »alle« wird im Genitiv zu »aller«. Würde hinter »alle« stark gebeugt, müsste es »trotz aller schöner neuen Dinge« heißen. Tatsächlich aber wird hinter »alle« schwach gebeugt, daher kann es nur »trotz aller schönen neuen Dinge« heißen.

QUIZRUNDE 9

161
Das wissen Sie mit hochprozentiger Wahrscheinlichkeit: Gemäß den EU-Bestimmungen bestehen Brandy und Weinbrand mindestens zur Hälfte aus …

Branntwein — d

Im »Branntwein« ist noch das Partizip »gebrannt« zu erkennen, denn es handelte sich ursprünglich um »gebrannten Wein«. Die spätmittelhochdeutsche Form lautete »brantwīn«. Längst wird Branntwein nicht nur aus Trauben, sondern aus vielen anderen Pflanzen gewonnen und dient als Basis zur Herstellung von Whiskey, Korn und Rum.

162
Hellwach und hoch motiviert, …

strotzt man vor Energie — c

Ein fitter, motivierter und hoch konzentrierter Mensch strotzt vor Energie. Das Verb »strotzen« bedeutet, über eine Eigenschaft in einem solchen Maße zu verfügen, dass sie sehr auffallend ist: »Trotz ihrer 80 Jahre strotzt Oma Ilse nur so vor Gesundheit.« Beim Protzen bringt man gerne in einer übertriebenen Weise seine eigenen Vorzüge zur Geltung: »Dietmar protzt gerne mit seiner Oldtimer-Sammlung.«

»Klotzen« bedeutet »kräftig zupacken«, »sich nicht mit Kleinigkeiten abgeben«: »Klotzen, nicht kleckern!«

»Sprotzen« ist ein Wort aus der Comicsprache, das bisher noch keinen Eingang in ein Wörterbuch gefunden hat. Es ist mit »spritzen« verwandt und bedeutet »spucken, Dreck spritzen«. Verdreckte Motoren können sprotzen, aber auch Menschen beim Reden mit vollem Mund.

163 In welchem der folgenden Beispiele gehört zwischen die Attribute ein Komma?

das junge, frische Gemüse — c

Nur bei einer Aufzählung gleichrangiger Eigenschaftswörter steht ein Komma. Ob es sich um gleichrangige Wörter handelt, erkennt man daran, dass sich ihre Position vertauschen lässt, ohne dass sich der Sinn ändert. Das ist nur beim jungen, frischen Gemüse der Fall, das auch frisches, junges Gemüse sein kann.

164 Mit welchem Lied gewann der Österreicher Udo Jürgens 1966 den Eurovision Song Contest (der damals noch Grand Prix Eurovision de la Chanson genannt wurde)?

Merci, Chérie — a

Das französische Wort »chéri« bedeutet Liebling und trägt über dem Hauptton einen Akut (Strich von links unten nach rechts oben). Handelt es sich um einen weiblichen Liebling, wird ihm ein »e« angehängt, und aus »chéri« wird »chérie«. Im Deutschen werden Chéri und Chérie großgeschrieben, da es sich um Hauptwörter handelt. Die Praline »Mon Chéri« ist männlich; wäre sie weiblich, hieße sie »Ma Chérie«. Udo Jürgens besang natürlich eine Frau, also eine Chérie mit »ie«. Das Komma zwischen Merci und Chérie wird oft weggelassen, was an der Bedeutung nichts ändert. Lässt man hingegen das »e« weg, ändert sie sich erheblich.

165 Eines dieser Spottwörter hat nur scheinbar mit einem Vogel zu tun, in Wahrheit steckt etwas anderes dahinter. Welches ist der falsche Vogel?

Schnapsdrossel — d

Die Schnapsdrossel wurde aus dem alten Wort »Drossel« gebildet, das »Kehle« bedeutet. Mit einem Vogel hat die Schnapsdrossel daher nichts zu tun. Das Wort »Drossel« in der Bedeutung »Kehle« findet man heute noch in den Verben »drosseln« (= bremsen, abschnüren) und »erdrosseln« (= jemanden durch Zuschnüren der Kehle töten).

166
Um einem Pferd die Sporen zu geben, braucht der Reiter an jedem Stiefel jeweils …

einen Sporn — b

Das aus einem gebogenen Metallstück mit daran befestigtem Dorn oder Rädchen bestehende Reitutensil heißt Sporn und ist männlich (wie auch »der Ansporn«). Der Reiter braucht also an jedem Stiefel jeweils einen Sporn.
Eine Spore ist einerseits eine pflanzliche Zelle mit einem Kern für die ungeschlechtliche Fortpflanzung, andererseits ein besonders widerstandsfähiges und langlebiges Bakterium.

167
Wenn man bei einer Prüfung nicht bestanden hat, so spricht man auch von »durchgefallen«. Dies geht auf eine mittelalterliche Sitte zurück, der zufolge ein Freier merkte, dass er von seiner Angebeteten abgewiesen wurde, indem sie ihn durch etwas hindurchfallen ließ. Nämlich durch was?

einen Korb — c

Die edlen jungen Damen des Mittelalters lebten auf Burgen, oft in schwer erreichbaren Turmzimmern. Wenn ein Freier zu ihnen gelangen wollte, musste er klettern – oder sich per Seilwinde in einem Korb hochziehen lassen. War ihnen der Freier nicht genehm, so schickten sie einen Korb hinab, dessen Boden gelockert war. Beim Hinaufziehen fiel der Freier buchstäblich durch.

In späteren Jahrhunderten genügte es, dem unliebsamen Verehrer einen bodenlosen Korb ins Haus zu schicken. Daraus entstanden die Ausdrücke »einen Korb bekommen« und »bodenlose Gemeinheit/Frechheit/Unverschämtheit«.

(Abb.: »Codex Manesse«, 14. Jahrhundert)

168

Diese vier Sätze unterscheiden sich nur in Hinblick auf die Zeichensetzung. Welcher von ihnen ist korrekt?

Wir bitten Sie, vor Verlassen des Raumes das Licht auszuschalten. — C

Der erweiterte Infinitiv mit »zu« *(= vor Verlassen des Raumes das Licht auszuschalten)* wird in der Regel mit Komma abgetrennt. Das »Verlassen des Raumes« gehört nicht zu »Wir bitten Sie«, sondern zum erweiterten Infinitiv, darum wäre ein Komma hinter »Raumes« sinnentstellend.

169

Welches dieser vier alkoholischen Getränke gehört nicht zu den anderen?

Weinschorle — C

Die Weinschorle ist ein Mischgetränk aus Weißwein und Mineralwasser. Die anderen drei setzen sich aus Bier und Limonade zusammen. Alsterwasser sagt man vor allem in Norddeutschland, Radler im Süden. Gelegentlich wird nach verwendeter Limonadenart zwischen Alsterwasser (Bier mit Zitronenlimonade) und Radler (Bier mit Orangenlimonade) unterschieden. Der Ausdruck Panaché ist besonders in der deutschsprachigen Schweiz beheimatet, im Saarland auch eingedeutscht als Panasch. Unter einem Panaché (oder Panaschee) versteht man teilweise auch noch ein aus verschiedenen Früchten bestehendes Speiseeis oder Kompott. In beiden Fällen liegt das französische Wort »panaché« zugrunde, das »gemischt« bedeutet und von dem auch das deutsche Verb »panschen« abgeleitet wurde.

170

Welches dieser Fremdwörter fällt aus der Reihe, weil es aus anderen Bausteinen zusammengesetzt ist als die anderen?

Paragraf — d

Der erste Bestandteil der Wörter »Trilogie« (= Dreiteiler), »Oktopus« (= Achtfüßler) und »Pentagon« (= Fünfeck) ist jeweils ein griechisches Zahlwort. Der Paragraf hingegen besteht aus der Vorsilbe »para« (= neben) und einer Ableitung des Wortes »graphein« (= schreiben), bedeutet also wörtlich »das Danebengeschriebene«. Auch wenn das Wort »Paragraf« meistens einer Zahl vorangestellt ist, hat es selbst mit Zahlen nichts zu tun.

171

Was bedeutet das zur Jugendsprache gehörende Wort »Babo«?

Anführer, Boss — a

»Babo« kommt aus dem Balkan-Romani, wo es »Vater« bedeutet. In der deutschen Jugendsprache hat es die Bedeutung »Anführer«, »Boss« angenommen. Deutschlandweite Bekanntheit erlangte es durch die Rap-Nummer »Chabos wissen, wer der Babo ist« (= die Jungs wissen, wer hier der Boss ist) des türkischstämmigen deutschen Musikers Haftbefehl. 2013 wurde »Babo« zum Jugendwort des Jahres gewählt.

172
Wie viele Fehler verstecken sich in diesem Hinweis?

drei Fehler — c

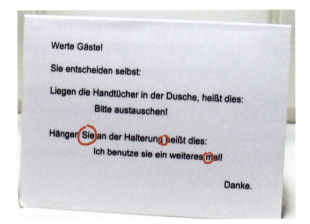

Es sind drei Fehler, und sie verstecken sich allesamt in der unteren Hälfte:

1. Das Pronomen »sie« wird kleingeschrieben, denn was da an der Halterung hängt, sind »sie, die Handtücher«, und nicht »Sie, werte Gäste«.

2. Ein Komma fehlt: Vor dem zweiten »heißt« muss ein Komma stehen.

3. Das Mal in »ein weiteres Mal« wird großgeschrieben, da es sich um ein Substantiv handelt.

173

Diese zwölf Wörter haben jeweils zwei Bedeutungen. Elf davon haben auch zwei unterschiedliche Geschlechter. Eines aber hat nur ein Geschlecht. In welcher Gruppe versteckt es sich?

~~Verdienst~~ / Strauß / ~~Laster~~ ────────── d

Der Strauß ist immer männlich, ob als Blumengebinde oder als Laufvogel.
Die anderen Wörter haben jeweils zwei Geschlechter:
der Kiefer (Knochen), **die** Kiefer (Nadelbaum)
das Schild (Hinweistafel), **der** Schild (Schutzwaffe)
der Tau (Niederschlag), **das** Tau (Strick)
das Steuer (Lenkrad), **die** Steuer (Staatsabgabe)
der See (Binnengewässer), **die** See (Meer)
der Mast (Pfahl), **die** Mast (Tierfütterung)
das Gehalt (Einkommen), **der** Gehalt (Inhalt)
das Teil (Einzelstück), **der** Teil (Teil eines Ganzen)
der Schock (Erschütterung), **das** Schock (altes Mengenmaß)
der Verdienst (Lohn), **das** Verdienst (Anspruch auf Anerkennung)
das Laster (Sünde), **der** Laster (Lkw)

174

Das Zerkleinern von Zweigen oder Stroh hat nichts mit Hexerei zu tun. Wie wird es tatsächlich geschrieben?

häckseln ────────── b

Häckseln ist eine Ableitung vom Verb »hacken« und wird daher mit Umlaut geschrieben: ich häcksle, du häckselst, er häckselt, wir haben gehäckselt.

175 Der Ausspruch »Noblesse oblige« bedeutet ...

Adel verpflichtet. — d

»Adel verpflichtet« ist die wörtliche Übersetzung des französischen Mottos »Noblesse oblige« und bedeutet, dass ein gehobener gesellschaftlicher Stand zu einer vorbildlichen Lebensführung verpflichtet.

176 Nach unzähligen Windungen und Wendungen des Amazonas erreichte der Tropenforscher das Lager. Da vernahm er ein unheilvolles Geräusch. Er ... sich um und erschrak: Direkt vor seinen Füßen ... sich eine riesige Schlange.

wandte ... wand — b

Korrekt ist: »Der Jäger wandte sich um, vor ihm wand sich eine Schlange.« Die Vergangenheitsformen von »sich umwenden« lauten »wandte sich um, hat sich umgewandt«, die von »sich winden« lauten »wand sich, hat sich gewunden«. In poetischer Sprache wäre auch »wandt ... wand« (mit weggelassenem »e« bei »wandte«) möglich.

9

177 Natürlich lebt der alte Holzmichel noch. Er ist …

quicklebendig — a

Das Wort »quicklebendig« enthält das niederdeutsche Wort »quick«, das »lebhaft, flink« bedeutet und sowohl mit dem hochdeutschen »keck« als auch mit dem englischen »quick« (= schnell) verwandt ist.
Die Vorsilbe »quietsch-« hingegen stammt vom schrillen Ton »quietschen« und findet sich als Verstärkung in Zusammensetzungen wie »quietschgelb«, »quietschfidel« und »quietschvergnügt«.

178 Kinder, Kinder, welch ein Durcheinander! Nur ein Werk steht hinter dem Namen des richtigen Verfassers. Nämlich welches?

Erich Kästner: »Das fliegende Klassenzimmer« — a

»Das fliegende Klassenzimmer« (1933) stammt von Erich Kästner. »Momo« (1973) ist eine Schöpfung Michael Endes, »Die Brüder Löwenherz« (Originaltitel: »Bröderna Lejonhjärta«, 1973) sind von Astrid Lindgren. Den »Räuber Hotzenplotz« (1962) erfand Otfried Preußler.

179

Vor dem Referendum über die Revision der Reformation trafen sich ein Referent und ein Reverend. Der Referent hatte gerade vor einer Gruppe Referendare ein Referat über reflexive Verben gehalten. Der Reverend hatte einem befreundeten Referee am Klavier eine Reverie vorgespielt. Jeder erwies somit dem feinen Unterschied die Ehre und bezeugte ihm aufs Trefflichste seine …

Reverenz — b

Als »Referenz« bezeichnet man einen Bezugswert, der zu Vergleichen herangezogen wird, außerdem ein Empfehlungsschreiben sowie – in der Informatik – einen Verweis auf eine Variable. Das Wort wurde aus dem Französischen entlehnt und geht zurück auf lat. »referre«, das »wiederbringen« und »zurücktragen« bedeutet. Die »Reverenz« ist eine Ehrerbietung, eine Verneigung. Sie wurde ebenfalls aus dem Französischen entlehnt und geht zurück auf lat. »reverentia«, was »Scheu« und »Ehrfurcht« bedeutet.

180

Welcher Gegenstand ist gemeint in dem Ausdruck »Zieh Leine«?

Schiffstau — b

Der Ausdruck »Leine ziehen« kommt aus der historischen Binnenschifffahrt, als Schiffe und Boote noch getreidelt, das heißt vom Ufer aus mit Tauen von Menschen oder Zugtieren stromaufwärts gezogen wurden. Wer Leine zog, der zog mit dem Schiff davon, so wurde der Ausdruck »Leine ziehen« zum Sinnbild für verschwinden, sich davonmachen.

QUIZRUNDE 10

181 Die Fellwolle des Schafs heißt ...

Vlies — d

Das Wort »Vlies« wurde im 15. Jahrhundert aus dem Niederländischen übernommen, daher die Schreibweise mit »V«. Es hat denselben Ursprung wie das deutsche Wort »Flausch«. Das Wort »Fleece« bedeutet im Englischen zwar ebenfalls »Schaffell«, im Deutschen aber bezeichnet es eine Kunstfaser (Polyester).

182 Wer alle Bindungen hinter sich lässt und in die Welt hinauszieht, den kümmern weder Grenzen noch ...

Bande — c

Die Mehrzahl von Band in der Bedeutung »Bindung« lautet »Bande«. Wer »feste Bande« knüpft, der baut verlässliche Beziehungen auf.

183

»Unwirsch« bedeutet »mürrisch«, »griesgrämig« – was bedeutet dann »wirsch«?

zornig, schroff — b

»Unwirsch« ist nicht das Gegenteil von »wirsch«, sondern bedeutet fast das Gleiche. Beide Wörter haben unterschiedliche Wurzeln. »Unwirsch« kommt vom mittelhochdeutschen Wort »unwirdesch«, das »unwert« oder »verächtlich« bedeutet. »Wirsch« hingegen kommt von »wirr« und bedeutet »grob«, »schroff«, »verärgert« oder »zornig«. Unwirsch zu sein ist also nicht viel anders, als wirsch zu sein.

184

Weil ihm die vielen französischen Lehnwörter verhasst waren, erfand der Sprachpfleger Joachim Heinrich Campe (1746–1818) zahlreiche deutsche Pendants – besser gesagt: Entsprechungen. Besonders gelungen ist ihm die Übersetzung des französischen Wortes »Rendezvous«. Wie nämlich lautete sie?

Stelldichein — c

Stelldichein ist die treffliche Übersetzung des französischen »rendez-vous«. Diese Wortschöpfung war bis ins 20. Jahrhundert sehr geläufig. Inzwischen ist sie fast vergessen, genauso wie ihr französisches Vorbild, denn statt von Rendezvous oder Stelldichein spricht man bei einer Verabredung zum Kennenlernen heute meistens von einem »Date«.

185

Woher stammt das Zitat »... und bist du nicht willig, so brauch' ich Gewalt«?

aus Goethes Ballade vom »Erlkönig« — C

In Goethes Ballade »Erlkönig« aus dem Jahr 1782 heißt es:
»Ich liebe dich, mich reizt deine schöne Gestalt;
Und bist du nicht willig, so brauch' ich Gewalt.«

186

Welches dieser Wörter hat andere grammatische Eigenschaften als die anderen?

verlogen — C

»Verzogen«, »verbogen« und »verhoben« sind Perfektpartizipien der reflexiven Verben »(sich) verziehen«, »(sich) verbiegen« und »(sich) verheben«. Zwei davon, nämlich »verzogen« und »verbogen«, können auch Adjektive sein *(ein verzogenes Kind, eine verbogene Gabel)*.

»Verlogen« hingegen ist kein Perfektpartizip, sondern ein reines Adjektiv. Wäre es ein Partizip, müsste es zum Verb »verlügen« gehören *(er verlügt sich, er verlog sich, er hat sich verlogen)*, das es aber nicht gibt. Auch wenn es vorstellbar wäre, dass jemand beim Lügen einen Fehler macht und sich eingestehen muss, dass er sich »verlogen« hat.

187

Woher kommt es, dass Schiffsnamen im Deutschen immer weiblichen Geschlechts sind – wie die »Titanic«, die »Gorch Fock«, die »Peter Pan«, die »Europa«?

aus dem Englischen, denn dort ist es ebenso — **b**

Hinter der Tatsache, dass Schiffsnamen weiblich sind, steckt ein alter Anglizismus. Denn auch im Englischen sind Schiffe weiblich, das zeigt sich im Gebrauch des Pronomens »she« für Schiffe. Da die Engländer jahrhundertelang vorherrschende Seemacht waren, wurden viele Seefahrtsbegriffe aus dem Englischen übernommen, so auch das Geschlecht von Schiffsnamen. Im Französischen hingegen sind Schiffsnamen männlich (le »France«, le »Norway«, le »Titanic« etc.). Die Schiffstypen hatten keinen Einfluss auf das Geschlecht, und es gibt ebenso weibliche wie männliche Typenbezeichnungen: die Kogge, die Galeone, die Fregatte und: der Schoner, der Klipper, der Windjammer, der Dampfer.
Kaiser Wilhelm II. wollte, dass Schiffsnamen ein männliches Geschlecht erhalten, insbesondere solche, die nach Männern benannt waren (wie »Fürst Blücher«, »Gorch Fock« und »Imperator«). Ehe er sich damit durchsetzen konnte, musste er abdanken und ins holländische Exil gehen – wo männliche und weibliche Wörter denselben Artikel (»de«) haben.
Mehr dazu im Kapitel »Vom Weiblichen des Schiffs« in:
»Der Dativ ist dem Genitiv sein Tod – Folge 5«.

188

Was man im Handumdrehen erledigt, das schafft man auch …

in null Komma nichts — a

Vor der Rechtschreibreform wurde die Null in dieser Wendung noch großgeschrieben. Seit 1996 aber wird sie kleingeschrieben, weil »null« hier als gewöhnliches Zahlwort und nicht als Hauptwort verstanden wird. Allein das Komma wird großgeschrieben, da es ein Hauptwort ist.
Der Ausdruck kann auch zusammen- und großgeschrieben werden, allerdings nur im Dativ mit vorangestelltem »im«: »im Nullkommanichts« (auch: »im Nullkommanix«).

189

Wir drei trafen die anderen zwei. Wie müssen dann die Kommas richtig sitzen?

Peter Ahrens, mein Nachbar und ich trafen uns mit — d
Herrn Zänker, dem Vermieter, und seinem Anwalt.

Wenn hinter »mein Nachbar« ein Komma steht, dann sind mein Nachbar und Peter Ahrens ein und dieselbe Person und wir wären lediglich zu zweit. Da es sich um eine Aufzählung von drei Personen handeln soll, darf hinter »mein Nachbar« kein Komma stehen. Dafür gehört ein Komma hinter den Vermieter, denn es ist ein Einschub, der den Namen Zänker näher bestimmt. Stünde hinter »Vermieter« kein Komma, wären Herr Zänker und der Vermieter zwei verschiedene Personen. Mit dem Anwalt wären es dann drei – einer zu viel.

190

Wenn eine Sache überflüssig oder Verschwendung ist, spricht man auch von »Eulen nach Athen tragen«. Wieso brauchte Athen angeblich keine Eulen?

Als Symbolvogel der Göttin Athene zierte die Eule athenische Münzen, und Athen war eine reiche Stadt.

Zwar ist die Eule in der Tat ein Symbol für Klugheit und Weisheit, doch in dieser Redewendung geht es nicht um Weisheit, sondern um etwas sehr viel Profaneres, nämlich um Geld. Als Symbolvogel der Schutzgöttin Athene zierte die Eule im antiken Athen Häuser, Türen und ganz besonders Münzen, die mit hohem Silberanteil geprägt waren. In der Komödie »Die Vögel« (um 400 v. Chr.) verwies der Dichter Aristophanes auf den Reichtum der Athener, in deren Geldbeutel Eulen nisten würden, und stellte die rhetorische Frage: »Ich bitte, bringt man Eulen nach Athen?« Die daraus hervorgegangene Redewendung »Eulen nach Athen tragen« ist somit schon 2400 Jahre alt. Übrigens findet sich die Eule heute auch auf griechischen Ein-Euro-Münzen wieder.

191

Was versteht man im englischsprachigen Raum unter »public viewing«?

öffentliche Aufbahrung — **d**

»Public viewing« bedeutet, dass der Öffentlichkeit der Einblick in etwas Verschlossenes gewährt wird, in der Regel Aktenschränke oder Särge. »Public viewing« kann also Akteneinsicht bedeuten oder öffentliche Aufbahrung. Die deutsche Verwendung in der Bedeutung »öffentliches Gruppenfernsehen« ist im englischen Sprachraum unüblich. Dort heißt es »public screening«.

192

Die Abkürzung »ff.« steht nicht für »fix und fertig«, sondern wofür?

folgende (Seiten, Paragrafen etc.) — **b**

Tatsächlich werden alle vier mit doppeltem »f« abgekürzt, doch gibt es jedes Mal einen Unterschied: »Freiwillige Feuerwehr« wird mit Großbuchstaben abgekürzt (FF), »Fortsetzung folgt« mit »F. f.« und »fortissimo« mit »ff« ohne Punkt. Das kleine Doppel-f mit Punkt (ff.) ist eine häufig in Literaturangaben zu findende Abkürzung für »folgende (Seiten)«, während das einfache kleine »f« mit Punkt (f.) für eine einzelne »folgende (Seite)« steht. Die Annahme, »ff.« stehe für »fortfolgende Seiten«, ist nicht korrekt und kann allenfalls als Eselsbrücke dienen.

193

Welche beiden Schriftsteller waren Zeitgenossen?

Karl May und Theodor Fontane — b

Theodor Fontane lebte von 1819 bis 1898, Karl May von 1842 bis 1912, es gab also eine Überschneidung von 56 Jahren. Als Theodor Storm (1817–1888) starb, war Thomas Mann (1875–1955) gerade 13 Jahre alt, was nicht ausreichend ist, um die beiden als »Zeitgenossen« zu bezeichnen. Goethe (1749–1832) und Wilhelm Busch (1832–1908) haben zeitlich deutlich versetzt gelebt, ebenso Gotthold Ephraim Lessing (1729–1781) und Heinrich Heine (1797–1856).

Das Foto zeigt das Denkmal von Goethe und Schiller in Weimar. Ihre Kombination stand hier zwar nicht zur Wahl, als Zeitgenossen standen die beiden jedoch in regem Gedankenaustausch.

194 Worin unterscheiden sich Namen von Inseln und Halbinseln in grammatischer Hinsicht?

Im Artikel. Viele Halbinseln haben einen, Inseln nicht. — d

Halbinseln haben in der Regel einen Artikel: der Darß, der Zingst, der Priwall, der Peloponnes, der Balkan, die Krim. Inseln haben, wie Ländernamen auch, nur dann einen Artikel, wenn sie weiblich sind, was aber nur der Fall ist, wenn das Wort »Insel« mit zum Namen gehört: die Staateninsel (Argentinien), die Isle of Wight (England), die Île de la Réunion (Frankreich). Oder wenn sie im Plural stehen: die Kanaren, die Antillen, die Seychellen. Dann geht es jedoch nicht um einzelne Inseln, sondern um Inselgruppen.

195 Was trennt stärker als ein Komma, aber nicht so stark wie ein Punkt?

das Semikolon — c

Das Semikolon, auch Strichpunkt genannt, ist ein Satzzeichen, das stärker trennt als ein Komma, aber doch den Zusammenhang eines größeren Satzgefüges verdeutlicht.

Die Parenthese ist ein Einschub und somit kein Satzzeichen, sondern ein Satzteil. Sie wird z. B. von Gedankenstrichen umschlossen.

> **Elsa – ihr eigentlicher Name war Emma – stammte aus Sachsen-Anhalt.**

Der Gedankenstrich ist ein Satzzeichen, das durch den sogenannten Halbgeviertstrich dargestellt wird (der doppelt so lang wie der Bindestrich ist).

Der Apostroph, auch Oberstrich oder Hochkomma genannt, ist ein Auslassungszeichen.

196 Wie wird die berühmteste Abkürzung der Welt auf Deutsch korrekt geschrieben?

o. k. ——————————————— a

Die Abkürzung »o. k.« wird standardsprachlich klein, mit Punkten und Leerzeichen geschrieben.
Um die Entstehung der Abkürzung »o. k.«, die heute als das bekannteste Wort der Welt gilt, ranken sich zahlreiche Legenden. Der wahrscheinlichsten Erklärung zufolge geht »o. k.« auf eine im 19. Jahrhundert in den USA aufgekommene Mode zurück, Abkürzungen absichtlich falsch zu schreiben. So wurde »all correct« (= in Ordnung) statt mit »a. c.« mit »o. k.« abgekürzt, als schriebe man es »oll korrekt«.

197

Ein berühmtes Drama Friedrich Schillers aus dem Jahr 1784 trägt den Titel »Kabale und Liebe«. Was bedeutet Kabale?

Ränke, Intrige — d

Das Wort »Kabale« wurde im 17. Jahrhundert aus frz. »cabale« entlehnt, das wiederum auf das hebräische Wort »Kabbala« (oder »Qabbalah«) zurückgeht, was »das Überlieferte« heißt und eine jüdische Geheimlehre bezeichnet, die jahrhundertelang mündlich überliefert wurde. Da nicht Eingeweihte hinter dieser mystischen Lehre eine Verschwörung vermuteten, wurde »Kabale« zum Synonym für Ränke und Intrige.

198

Adverbien (Umstandswörter) sind eine Wortart, die dazu dient, das Wie, Wo und Wann eines Satzes zu bestimmen. Welche der folgenden Eigenschaften trifft außerdem auf Adverbien zu?

Sie können nicht gebeugt werden. — c

Adverbien sind unflektierbar, d. h. sie können nicht gebeugt werden: ein *gerner* Gefallen, eine *vielleichte* Möglichkeit oder eine *unterwegse* Rast entsprechen nicht der gängigen Sprachpraxis. Bis auf wenige Ausnahmen (oft → öfter) lassen sich Adverbien auch nicht steigern: gern, gerner, am gernsten, jetzt, jetzter, am jetztesten oder nie, nieer, am niesten sind zu lustig, um real zu sein. Davon abgesehen können Adverbien selbstverständlich am Satzanfang stehen, sie können Vorsilben besitzen (gern → ungern, gestern → vorgestern) und sie können substantiviert werden: das Gestern, das Heute, das Hier und Jetzt.

199

Welche literarische Gestalt erlangte unsterblichen Ruhm durch die Worte »Er aber, sag's ihm, er kann mich im Arsche lecken«?

Götz von Berlichingen — a

Es handelt sich um ein Zitat Götz von Berlichingens aus dem gleichnamigen Schauspiel von Johann Wolfgang von Goethe aus dem Jahre 1773. Das Stück, das mit allen Regeln des klassischen Theaters brach, wurde begeistert aufgenommen und verhalf dem jungen Goethe zum Durchbruch.

200 Was bedeutet das Wort »deutsch«?

zum Volk gehörend — b

»Deutsch« (althochdeutsch »diutisc«, von »diota« = das Volk) heißt nichts anderes als »zum Volk gehörend«, »dazugehörig«. Das Aufkommen dieses Wortes markiert die Entstehung eines eigenen Sprach- und Volksbewusstseins gegenüber den romanischen Bevölkerungsgruppen und gegenüber dem Lateinischen. Mit dem Wort »deutsch« konnten die anderen Völker natürlich nicht viel anfangen, daher heißen die Deutschen in anderen Sprachen anders: Im Englischen werden sie »Germans« genannt, im Französischen »Allemands« (nach dem Stamm der Alemannen) und im Finnischen »Saksa« (nach den Sachsen). Im Russischen wie im Polnischen heißen die Deutschen »Niemcy«, was vermutlich auf ein altes slawisches Wort für »fremd« zurückgeht.

Dschungelcamp

Bis 20 Punkte | Hals über Kopf haben Sie sich in den Irrgarten der deutschen Sprache gewagt. Ohne Führer, ohne Plan – und sind über zahllose Baumwurzeln gestürzt, haben sich im dornigen Unterholz der Orthografie Arme und Beine zerkratzt und sind immer wieder im Treibsand der Grammatik versackt. Doch die Devise lautet »Dabei sein ist alles«, und darum finden Sie schließlich einen Weg hinaus – er führt Sie ins rettende Dschungelcamp.

DIE AUSWERTUNG

Schüler

21–60 Punkte | Der Irrgarten der deutschen Sprache hat Ihnen keine Angst einjagen können, auch wenn Sie mit ihm kein leichtes Spiel hatten. Zwar waren Sie nicht völlig unvorbereitet, doch hat Ihr Werkzeug Sie im Kampf gegen Fallstricke und Lianen immer wieder im Stich gelassen. Sorgen Sie beim nächsten Mal dafür, dass Ihre Messer gewetzt sind und Ihre Machete lang genug ist. Allen Rückschlägen zum Trotz haben Sie einen Ausgang gefunden – er mündet in den Pausenhof Ihrer alten Schule.

Student

61–100 Punkte | Mit diesem Ergebnis können Sie zufrieden sein. Auch wenn Sie sich im Irrgarten der deutschen Sprache ein paarmal heftig verlaufen haben, so sind Sie doch ohne größere Blessuren davongekommen. Ihr Rüstzeug hat Sie vor dem Schlimmsten bewahrt, und als Sie schließlich einen Ausgang gefunden haben, führt dieser Sie auf den Campus der Universität, wo Sie von Ihren Kommilitonen freudig begrüßt werden.

Deutschlehrer

Magister

101–140 Punkte | Alle Achtung, Sie waren offenbar gut vorbereitet, denn an den meisten Abzweigungen auf Ihrem Weg durch den Irrgarten der deutschen Sprache haben Sie die richtige Wahl getroffen. Den Fallgruben und Treibsänden sind Sie geschickt ausgewichen, und nur wenige Male sind Sie gestolpert, jedoch schnell wieder auf die Beine gekommen. Der Ausgang, den Sie schließlich finden, führt Sie in ein geräumiges Büro mit einem eigenen Kaffeeautomaten. An der Wand hängt ein Diplom mit Ihrem Namen.

141–179 Punkte | Einem furchtlosen Ritter oder einer Königin in strahlender Rüstung gleich, haben Sie sich in den Irrgarten der deutschen Sprache begeben – fest im Sattel Ihrer Deutschkenntnisse sitzend. Nur wenige Hindernisse vermochten Sie in Ihrem kühnen Ritt aufzuhalten, ein paarmal mussten Sie vom Pferd absteigen und sich den Weg mit Ihrem Schwert freischlagen. Der Ausgang, der sich Ihnen verheißungsvoll auftut, führt Sie in den Sitzungssaal der Deutschlehrerkonferenz, direkt zu einem Platz mit Ihrem Namensschild.

Professor

180 Punkte und mehr | Für andere mag der Irrgarten der deutschen Sprache ein undurchdringbares Dickicht sein – für Sie ist er ein gepflegter Park, durch den Sie voller Lust und ohne Mühe wandern. Was anderen als dorniges orthografisches Gestrüpp oder widrige grammatische Schlingpflanzen erscheint, sind für Sie vertraute Gewächse, über die Sie genauestens Bescheid wissen und die Ihnen einer Leuchtschnur gleich den Weg zum Ausgang weisen, wo man Sie ehrfurchtsvoll als Herr oder Frau Professor begrüßt. Bei mehr als 195 Punkten gelten Sie als *graue Eminenz der deutschen Sprache,* und es ist nur eine Frage der Zeit, bis man eine Straße nach Ihnen benennen wird.

26 Thomas Gall, Mansfeld
28 Jochen Warthmann, Münstertal
81 Werner und Renate Pfau, Muldenberg
116 Annemarie Schumann
115, 231 Robert Neumann
169 Mirko Rath, Celle

16, 36, 76, 87, 92, 105, 107, 131, 138, 139, 156, 179, 190, 194, 201, 242, 244 Bastian Sick

BILDNACHWEIS

Alle Bastian-Sick-Titel

Leseproben und mehr
unter www.kiwi-verlag.de